东北三省纺织类

赵宏　马涛／编著

经典非物质文化遗产

中国纺织出版社有限公司

内 容 提 要

纺织类非物质文化遗产作为中国传统文化的精髓，不仅是技艺传承，更重要的是所承载文化内涵的延续。本书选取了东北三省具有代表性的7个纺织类非遗项目，从起源与发展、风俗趣事、制作材料与工具、制作工艺与技法、工艺特征与纹样、作品赏析、传承人专访、传承现状与对策等方面进行了介绍。

本书可供纺织服装专业学生以及纺织类院校中的经管类学生学习使用，可供纺织类非遗爱好者参考阅读，还可以为纺织非物质文化遗产保护领域的实践工作者、相关政府部门和理论研究人员提供参考。

图书在版编目（CIP）数据

东北三省纺织类经典非物质文化遗产／赵宏，马涛编著． —— 北京：中国纺织出版社有限公司，2021.1

ISBN 978-7-5180-7980-3

Ⅰ．①东…　Ⅱ．①赵…　②马…　Ⅲ．①纺织工业—非物质文化遗产—介绍—东北地区　Ⅳ．① F426.81

中国版本图书馆 CIP 数据核字（2020）第 196591 号

DONGBEI SANSHENG FANGZHI LEI JINGDIAN FEI
WUZHI WENHUA YICHAN

责任编辑：朱利锋　　责任校对：楼旭红　　责任印制：何　建

中国纺织出版社有限公司出版发行
地址：北京市朝阳区百子湾东里A407号楼　邮政编码：100124
销售电话：010 — 67004422　传真：010 — 87155801
http：//www.c-textilep.com
中国纺织出版社天猫旗舰店
官方微博http：//weibo.com/2119887771
北京华联印刷有限公司印刷　各地新华书店经销
2021年1月第1版第1次印刷
开本：787×1092　1/16　印张：11
字数：167千字　定价：128.00元

前言

　　党和国家领导人在十九大报告中指出，要深入挖掘中华优秀传统文化蕴含的思想观念、人文精神、道德规范，结合时代要求继承创新。纺织类非物质文化遗产（简称纺织非遗）作为中国传统文化的精髓，不仅是技艺传承，更重要的是所承载文化内涵的延续，其传承发展对于深入挖掘中华优秀传统文化，培养民族自信，提升纺织产业历史、文化、社会、经济等价值，建设纺织强国具有重要意义。

　　天津工业大学现代纺织产业创新研究中心以纺织非遗的研究以及知识普及为使命，积累了大量的文字、图片、视频等资料，已先后推出京津冀区域、河南省、山东省、陕西省的纺织服饰类非遗赏析系列书籍。

　　本书选取了东北三省具有代表性的七个纺织非遗项目，通过与传承人面对面的请教与交流，取得了第一手资料，通过对每一个代表性项目的起源与发展、制作材料与工具、制作工艺与技法、工艺特征与纹样、作品赏析、风俗趣事、传承人专访、传承现状与对策等方面的介绍，为读者系统、全面地了解东北三省的纺织、服饰类非遗概况提供了资料。

　　在本书写作过程中，我们阅读、参考了国内外学者、传承人等撰写的有关资料，文中多数图片及其他资料来自于我们的实地拍摄、调研，也有部分资料来自非物质文化遗产网、百度百科等网络资源，还有部分图片来自当地博物馆，如第一章作品图片由渤海靺鞨绣博物馆提供；第二章～第五章的图片均拍摄于传承人家中或由传承人提供。在此，我们对所采访的传承人，对所阅读、参考的有关资料的作者表示诚挚的感谢。

　　承担本书写作的有赵宏、马涛、刘宇、徐娟、戴文雅、曹效喜、佘照亭、高尚等，全书由赵宏、马涛统稿并定稿。

由于纺织服饰类非物质文化遗产的保护正在不断深入，加上编著者水平所限，书中难免存在不尽完善之处，恳请广大读者批评指正。

编著者

2020 年 10 月

目 录

东
北
三
省
纺
织
类
经
典
非
物
质
文
化
遗
产

第一章

渤海靺鞨绣

渤海靺鞨绣是起源于渤海国靺鞨刺绣针法，距今已经有1300多年的历史。这种传承千年的渤海靺鞨绣是以牡丹江为中心的东北地区满族刺绣品的总称，它是靺鞨、女真、满族刺绣的民间艺术，是中国优秀的民族传统工艺之一。2011年7月渤海靺鞨绣被黑龙江省文化厅选为省级非物质文化遗产（图1-1）。2015年2月10日，满族古刺绣"渤海靺鞨绣"入选中国非物质文化遗产第四批保护名录，名录类别为传统美术类（表1-1）。2018年5月，第四代传承人孙艳玲被中华人民共和国文化和旅游部认定为国家级非物质文化遗产代表性项目满族刺绣的代表性传承人（图1-2）。2016年10月，黑龙江省文化厅授予第五代传承人蒋丽娜为黑龙江省第五批省级非物质文化遗产代表性传承人的称号（图1-3）。

表1-1　渤海靺鞨绣

名录名称	民间绣活·渤海靺鞨绣
名录类别	传统美术
名录级别	国家级
申报单位或地区	黑龙江省牡丹江市
传承代表人	孙艳玲

图1-1　渤海靺鞨绣入选省级非物质文化遗产

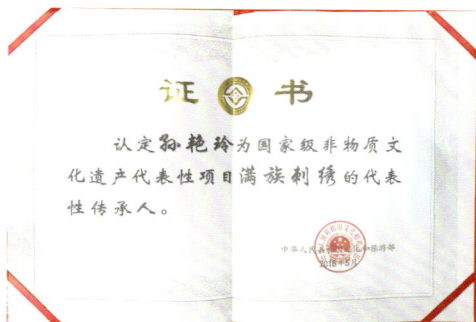

图1-2　国家级非遗项目代表性传承人证书

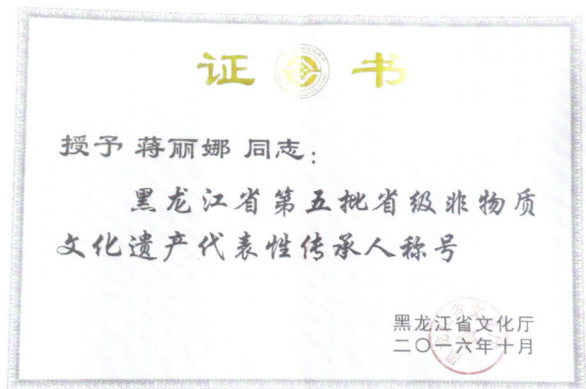

图1-3　省级非遗项目代表性传承人证书

第一节　起源与发展

一、渤海靺鞨绣的起源

公元 698 年，粟末部首领大祚荣率部东渡，在牡丹江上游东牟山建立了以靺鞨人为主体的少数民族政权，号称震国。公元 705 年，唐武则天退位，唐中宗李显登基，于是派遣使者到震国安抚。713 年，唐玄宗册封大祚荣为"渤海郡王"，开始以"渤海"为号，在公元 755 年将都城迁入上京龙泉府（今宁安市渤海镇），并且仿照唐朝进行了大刀阔斧的改革，公元 762 年唐朝诏令将渤海升为国而称渤海国，渤海靺鞨绣主要发源地即为渤海国都城上京龙泉府。

到了宣王大仁秀时期，渤海国的经济以及百姓的物质、精神生活都得到了很大的改善，国家也日益强盛，形成了史上著名的"海东盛国"。因为唐朝与渤海国有着密切的联系，渤海国的国王曾多次向唐朝进贡，而唐朝则奖赏藩属国，于是就形成由渤海国到唐王朝及周边地区的"贡赏贸易"之路，也称为东北亚丝绸之路。这条丝绸之路不仅增进了渤海国与唐王朝之间的友好关系，也促进了途径及周边地区的经济、政治、文化的交流与融合。

到渤海国时期，正式开创从官方到民间一律使用汉字的先河。当时渤海国的宫廷、建筑、冶金制造、养蚕、缲丝、织布和刺绣等技术都是效仿唐朝，手工业得到空前发展，创造了辉煌的上京文化、海东文明。从 1980 年在吉林省和龙县出土贞孝公主墓的壁画中看到，壁画中描绘的八位侍女，她们的服饰精美，图案精致，也从侧面证明了当时的渤海国养蚕、缲丝、纺织、刺绣等技艺已经十分成熟。隋唐时期，渤海上京盛产的纺织品主要是毛、麻、丝三种。其中的丝即东北独有的柞蚕丝，它既是丝绸原料，也是刺绣的原料。

在 1975 年上京遗址出土的"舍利函"中所发现的织品中已有了锦、缎、罗、纱、绸、绢和刺绣品。当时的主要纺织品"显州之布，沃州之锦，龙州（即上京龙泉府，今广西壮族自治区龙州县）之绸"闻名遐迩，这与当时的居民学习中原的先进养蚕、缲丝、纺织、刺绣等技艺有着极大的关联，满族先民——渤海国靺鞨人为后代留下了极其宝贵的文化遗产。在渤海国被北方少数民族契丹灭后，刺绣这门技术并没有因时代更迭而不复存在，它早已融入民族的记忆里，溶入老妪和少女们的血液中而世代流传。由此可见当时满洲刺绣与满族先民的刺绣之间一脉相承的密切关系。当时明、清朝廷按照官员级别的大小会绣制不同的图案在衣服上，文官绣禽，武官绣兽。自从满洲人进关入主中原以后，刺绣从皇宫到民间流行广泛，成为满族引以为傲的民族艺术品和实用品。

二、渤海靺鞨绣的发展

渤海靺鞨绣传承谱系如表 1-2 所示，第四代国家级渤海靺鞨绣传承人孙艳玲，是满族正黄旗的后代，从小就跟随母亲和姥姥学习刺绣，随着自己年龄的不断增长、刺绣技艺的日渐成熟、对本民族历史、文化知识的逐步了解，她翻书本，找专家，终于弄清楚自己从小所学的是满族祖先创造的刺绣——靺鞨绣，并且很好地将这项古老的民间艺术传承下来。

表 1-2　渤海靺鞨绣传承谱系

代别	姓名	性别	出生年月	传承方式	居住地址
第一代	张李氏	女	1902	祖传	黑龙江省牡丹江市所属宁安市渤海镇羊放沟
第二代	于张氏	女	1927	祖传	黑龙江省牡丹江市所属宁安市渤海镇
第三代	于秀英	女	1951	祖传	黑龙江省牡丹江市北安乡
第四代	孙艳玲	女	1978	祖传	黑龙江省牡丹江市
第五代	蒋丽娜	女	1988	师传	黑龙江省牡丹江市
	王彦霞	女	1981	师传	黑龙江省牡丹江市

孙艳玲和她的丈夫曲克好在 2001 年开办多多职业技能培训学校，致力于渤海靺鞨绣的研究与传承。在 2009 年创办了牡丹江渤海民族工艺品有限公司，该公司是以经营地方民族工艺品为主，集传承、研发、生产、加工、销售渤海靺鞨绣和茧丝绸为一体。公司拥有国内合作生产型绣娘 1372 人，设计研发营销人员 56 人，旗下创办渤海靺鞨绣职业技能培训学校，教职员工 35 人，十年里培训毕业学员 17000 多人（图 1-4~图 1-7）。仅仅经过几年的发展，该公司的销售网点已经遍布全国十余个省，生产的靺鞨绣销往包括韩国、日本、欧美等在内的海外市场。2008 年至今建立了 7 所下岗再就业培训基地，培训下岗女工近 2 万人。2009 年在朝鲜罗先市建立 830 人的手工刺绣工厂，2012 年在朝鲜平壤建立 300 人的高级手工刺绣工厂。因制作成本降低，与国内两大绣品经销商签订了长期订单加工合同。

蒋丽娜是黑龙江省牡丹江市人，原来从事绣娘工作，师从孙艳玲，后被孙艳玲选为靺鞨绣第五代传承人。她在继承古代渤海靺鞨绣流传下来的精巧制作技艺的同时，

图1-4　渤海靺鞨绣第四代传承人孙艳玲

图1-5　孙艳玲女士在学校授课

图1-6　孙艳玲女士在传授刺绣技艺（一）

图1-7　孙艳玲女士在传授刺绣技艺（二）

也曾在 CCTV 播出的节目中宣传牡丹江传统民间艺术，让渤海靺鞨绣进入大众视野。她主要擅长刺绣人物、花卉，独具个人特色。每年教授绣娘超过千人，曾参加国际、国内展览十余次。她的作品充满了丰富的创造力，有着独特的风格特色，曾经多次获得国际级及省级奖励（表1-3）。例如，2015年9月30日她被牡丹江市工艺美术大师评审委员会授予"牡丹江市工艺美术大师"称号；2015年12月为意大利米兰世博会中国馆的成功做出积极贡献，被意大利米兰世博会中国馆组委会授予荣誉纪念证书；2018年其作品《和谐之音》在哈尔滨民间民俗艺术博览会精品展中经评审委员会评定为金奖。

由于此次调研以第五代传承人蒋丽娜女士为调研对象，因此未对孙艳玲女士所获荣誉进行展示。

表1-3　蒋丽娜女士所获部分荣誉一览表

时间	颁奖单位	奖项说明	证书展示
2013年10月	牡丹江市人民政府	作品《奇葩》荣获黑龙江省（牡丹江市）非物质文化遗产博览会视觉艺术展工艺美术作品展金奖	

时间	颁奖单位	奖项说明	证书展示
2015 年 9 月	牡丹江市妇女联合会、牡丹江市旅游局	首届手工编织制作文化旅游纪念品创意大赛三等奖	
2015 年 9 月 30 日	牡丹江市工艺美术大师评审委员会	"牡丹江市工艺美术大师"称号	
2016 年 5 月	中国（深圳）国际文化产业博览交易会、中国工艺美术文化创意奖评审委员会、深圳国际文化产业博览交易会有限公司、中国（深圳）国际文化产业博览交易会组委会	作品《雪乡晨曦》在 2016 年中国（深圳）国际文化产业博览会上获得"中国工艺美术文化创意奖"铜奖	
2017 年 10 月	中国工艺美术协会、第十八届中国工艺美术大师作品暨手工艺术精品博览会	作品《和谐之音》在第十八届中国美术大师作品暨手工艺术精品博览会上获得 2017 "百花杯"中国工艺美术精品奖优秀奖	
2018 年 9 月	黑龙江省文化厅	在黑龙江省首届非物质文化遗产传统工艺大赛中荣获"刺绣美"项目一等奖	
2018 年 12 月	黑龙江省民间文艺家协会、哈尔滨市民间文艺家协会、黑龙江省非物质文化遗产保护学会	作品《和谐之音》（渤海靺鞨绣）在哈尔滨民间民俗艺术博览会精品展中获金奖	

006

东北三省纺织类经典非物质文化遗产

时间	颁奖单位	奖项说明	证书展示
2018 年 12 月	黑龙江省民间文艺家协会、哈尔滨市民间文艺家协会、黑龙江省非物质文化遗产保护学会	作品《雪松》（渤海靺鞨绣）在哈尔滨民间民俗艺术博览会精品展中获金奖	

第二节　风俗趣事

一、靺鞨绣——海东盛国的"明珠"

唐朝时期，丝绸这项中原技艺通过东北亚丝绸之路传入渤海国后，当地的百姓借助天然的地理条件开始养蚕制丝，将刺绣这项技艺一代一代地传承下来。他们从小就注重培养子女的刺绣技艺，可以毫不夸张地说，当时七八岁孩子的刺绣技艺已经相当熟练，甚至可以不需要大人的帮助，自己就能独立完成精美的刺绣作品。由于当时的渤海国地理位置偏北，气候寒冷，当地的百姓为了抵御严寒，常会绣制耳护、帽子等。又由于当地气候湿冷容易招致蚊虫，于是他们会绣制很多香包，像生肖香包、虎头香包等，然后将种植的烟草碾碎装进香包用以驱赶蚊虫。每逢节日或者孩子成年，长辈都会赠予子孙香包，有辟邪祈福之意。由于每家每户都会绣制大量的香包、耳护、帽子等，就会有很多刺绣品闲置，于是当地居民提议将多余的刺绣品销往外地赚取收入。随后，大家纷纷将刺绣品拿出来集中到一起，与外地的百姓进行交换买卖。由于这些刺绣制作精美、寓意美好，受到了广大群众的喜爱，也为渤海国居民提供了新的经济来源，带动了周边地区的发展，靺鞨绣也被当时的人们称为"海东盛国"的明珠。

二、传统技艺与现代市场结硕果

随着时间的推移，第四代传承人孙艳玲在传承渤海靺鞨绣过程中遇到了很大的困难，绣出来的作品无人问津，大家对渤海靺鞨绣一无所知。但这些困难都没有使她停止对靺鞨绣的热爱，因为她的姥姥曾经告诉过她："咱们现在不愁吃穿，没有温饱上的问题，但是靺鞨绣是先辈们留下来的技艺，咱们必须把它继续传承下去。"孙艳玲谨记姥姥的忠告，下定决心要把渤海靺鞨绣发扬光大，于是创立了职业技能培训学校，并设立了手工刺绣培训课程。在教授刺绣技艺这几年里，孙艳玲发现有着特殊寓意的刺绣作品更加受到大家的欢迎，于是她告诉绣娘们，在选题上不仅要具备审美性、新颖性，更重要的是要具备美好寓意。比如说，把东北人常用的斗、算盘和油灯放在一起，取一个好听的名字叫"日进斗金"。具备了故事的刺绣作品果然受到大家的热烈追捧，靺鞨绣也渐渐被更多本地人知道。在当地政府的帮助下，孙艳玲与绣娘们带着靺鞨绣作品多次参加了国内外大大小小展会。在展会上，孙艳玲发现，国外对装饰性的刺绣作品大多会夸赞作品精美，但很少有人会愿意购买；反而一些生活用品、服饰被抢购一空。于是，孙艳玲改变了产品的生产方向，将传统的技艺与现代的市场需求融合在一起，推出了家纺服饰、旅游纪念品、生活用品等一系列的靺鞨绣衍生产品。同时，她在深圳组建了专门的研发团队，根据市场调研去设计研发原创性产品。

三、在国际上崭露头角

靺鞨绣作品已经参加国内外展览近百次，被中外媒体报道超过千次，在国际上有一定的影响力，在2019年俄罗斯第六大城市彼尔姆举办的传统手工艺国际展览展销会上，数百件靺鞨绣产品在几天之内就被抢购一空。俄罗斯人民还表示："靺鞨绣作品远看起来与油画相差无几，有很强的立体感，色彩艳丽，景色逼真，仿佛就呈现在自己的眼前。"由此能够看出，靺鞨绣不仅在国内市场上受到大众的欢迎，而且由于它兼具东、西方风情，也符合国外友人的审美，深受大家的喜爱。通过这种国外展销，让更多的外国人知道了牡丹江的靺鞨绣，在国际大市场中出现了更多中国民族元素。

第三节　制作材料与工具

一、制作材料

渤海靺鞨绣作为一种历史悠久的民间传统艺术，所需要的材料有底布、彩色丝线等。值得一提的是，渤海靺鞨绣的柞蚕家纺系列与南方刺绣最主要的差别就在于丝线，渤海靺鞨绣的丝线原料来自当地百姓养殖的柞蚕结茧时吐出的丝缕加工成的纤维，即柞蚕丝，而南方刺绣一般会选择桑蚕丝作为制作材料。

柞蚕属于一种野蚕，主要生活在北方，由人工放养在野外大山柞林之中，以柞树叶为食，其中柞蚕的蛋白质和氨基酸含量是桑蚕丝的十几倍。牡丹江市具有生产柞蚕得天独厚的自然地理环境，当地的柞蚕资源丰富，质地优良，放蚕、刺绣历史悠久（图1-8和图1-9）。

柞蚕丝（图1-10～图1-12）由两根平行的扁平单丝合并而成，其主要成分为丝

图 1-8　柞蚕蛹（一）

图 1-9　柞蚕蛹（二）

图 1-10　柞蚕丝（一）

图 1-11　柞蚕丝（二）

素和丝胶。柞蚕丝粗、蓬松、挺括，纤维内部组织多孔隙，又产自北方寒带，保暖性和弹性好，是制作刺绣品的首选原料。渤海鞯鞴绣传承祖辈工艺，沿用古老技艺制作的原料，使得当今刺绣作品具有百年不腐烂的特点，因此被刺绣收藏界认可，柞蚕丝制成的袜子也深受大众喜爱（图 1-13）。

　　底布的选择有一定的讲究，因为不同的布料，对针线、花样的要求也不同，渤海鞯鞴绣底布的原材料主要以柞蚕丝为主，柞蚕丝这种原料生产出来的布料透气性更强，颜色更加艳丽。

图 1-12　染色的柞蚕丝

图 1-13　柞蚕丝制作的袜子

二、制作工具

　　渤海鞯鞴绣的制作工具主要包括绷子、绣花针和剪刀等。绷子从形状上来分，有方绷（图 1-14）和圆绷（图 1-15）两种，多为木制或竹制，其作用是固定底布，保证绣出来的花样平整不走形。绣花针是刺绣中最常用的工具，主要有尖头针和圆头针两种，渤海靺鞨绣在绣花针的选择上，比较常用的是尾眼小针（图1-16）。剪刀的用途很广泛，主要是用来剪线头、底布和抽丝等，一般在靺鞨绣制作过程中会根据用途选用合适的剪刀（图1-17）。

图 1-14　方绷

图 1-15　圆绷

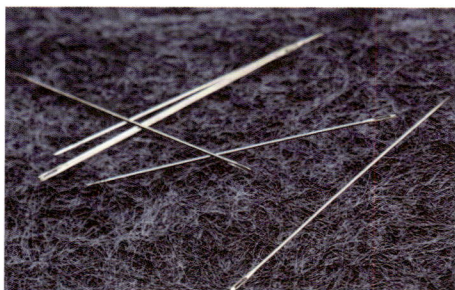

图 1-16　绣针

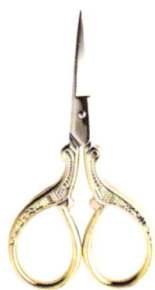

图 1-17　剪刀

第四节　制作工艺与技法

渤海靺鞨绣传统的工艺流程主要有构思画样、选料、粘底布、选线、绷绣架、刺绣、裱框制作、装裱等多道程序。随着科技不断进步与互联网的普及，如今靺鞨绣的工艺流程已经逐渐演化为摄影取景、选料、计算机设计、选线、绷绣架、刺绣、裱框制作、装裱等八道程序。

一、摄影取景

摄影取景是渤海靺鞨绣的第一步，一副靺鞨绣作品的图案样式是决定作品好坏的重要标准。以往刺绣的图案多以设计者自己画样为准，画样又要求将寓意、形态和民俗与想要表达的内容相结合，对于设计者的刺绣经验有很高要求。而那些经验丰富的设计者往往年龄较大，可能无法融入现代的、流行的元素，不能跟上时代潮流的发展，因此依靠现代摄影技术来构思靺鞨绣作品的图案，是当代渤海靺鞨绣与现代科技相结合的重要节点。《中国雪乡》与《扬帆起航》为渤海靺鞨绣摄影取景的代表作品

（图 1-18 和图 1-19）。

图 1-18 《中国雪乡》（一）

二、选料

　　取景完成之后，要进行底布和配线的选取。底布的选择会直接影响作品的整体风格，因此要根据刺绣作品的用途、风格进行底布的选择。渤海靺鞨绣底布色彩的选择符合北方的文化特征，大胆选色、色彩艳丽（图 1-20 和图 1-21）。

图 1-19 《扬帆起航》

图 1-20 底布颜色的选取

图 1-21 黑色的底布面料

三、计算机设计

　　在选择好底布面料之后，与以往的绘画不同，本技艺借助现代科技创新性地将选取的照片通过数码打印机打印出来。

四、选线

　　选线是指根据刺绣的图案、面料的需要搭配绣制所用绣线的粗细、颜色。选线的主要原则就是尽可能使作品看起来美观。根据照片打印出底布之后，根据底布的颜色、用料选取配线时保留了北方的特色，配色对比鲜明，大胆尝试新色系，有时也会根据具体的图案进行调整，使作品更具特色。

五、绷绣架

绷绣架主要是指将底布放在绣架上撑起来，方便后续的刺绣。一般底布的松紧应该适中，太松或者太紧都会影响到绣品的最终效果。

六、刺绣

刺绣是整个过程中最关键也是耗时最长的步骤。有时，优秀的鞡鞡绣作品会花费绣娘几个月的时间来制作。刺绣所用的针法各个地区也有差异，原来，渤海国的居民使用"鸡爪针"来完成刺绣，后来"鸡爪针"被孙艳玲改造为"三角针"，这种针法也是鞡鞡绣独有的技法，经过 4~8 层叠加后交错刺绣，非常适合绣东北冰雪题材的作品，绣出来的冰雪画面有晶莹剔透的感觉，视觉效果非常好[4]。

七、裱框制作

鞡鞡绣完成以后，用于观赏性的作品需要装进裱框。而裱框需要根据底布和配线的颜色来进行选择，有时也会参考作品具体的图案。

八、装裱

装裱是指将刺绣作品熨烫服帖后裱进画框里，让作品更加美观，也有利于保存和收藏。一般在装裱前要先将作品熨平，防止在装裱过程中出现皱纹，经过熨平的作品看起来更加平滑、有光泽（图 1-22 和图 1-23）。

图 1-22　装裱好的作品（一）

图 1-23　装裱好的作品（二）

第五节　工艺特征与纹样

一、透视逼真

渤海靺鞨绣这项工艺从传承到发展融入了东北独特的山地文化，将现代摄影技术与东北三角针技术巧妙地融合在一起，所刺绣出来的美术品色彩艳丽、透视逼真[5]。与其他刺绣不同，靺鞨绣没有采用设计者画样的方式进行刺绣前底布的准备工作，而是直接用现代摄影的方式将自己想要表达的寓意、内容融入照片之中，绣出的作品不但风格题材多样、色彩艳丽，最重要的是绣品能够达到远看是油画的逼真的效果。此外，靺鞨绣继承了古老的"鸡爪针"的传统，这种针法在过去的东北主要是缝制动物皮质衣服用来御寒的，若是用普通的平行针法，皮质衣服容易破损，因此祖辈们将这种"鸡爪针"一直延续到现在。后来到了第四代传承人孙艳玲这里，她又将"鸡爪针"进行改良，并命名为"三角针"。这种针脚比较大，针法由大到小，层层叠加，最终呈现的刺绣细致精巧，具备了南方刺绣的柔美和北方刺绣的大气磅礴的特征。

二、南北差异

与南方所用原料桑蚕丝不同的是，渤海靺鞨绣用的是由当地百姓在野外所养殖的柞蚕结成的茧丝，即柞蚕丝。这种柞蚕丝比较粗犷，亮度较高，因此在染色的过程中着色力很强。因为在刺绣过程中用到孙艳玲改造的"三角针"，针法层层叠加，使得最终的绣品类似于西方的油画。南方的苏绣题材多以花草树木为主，而渤海靺鞨绣的作品主要以东北的冰雪为主题，更多地去表现粗犷豪放的东北风土人情。多年来生活条件的改善和汉文化的影响融合，满族靺鞨刺绣工艺在保留了淳朴的工艺风格及满族神话传说等萨满文化内容之上，又借鉴了中原地区的鲁绣，江南地区的苏绣等技艺，使其形成了题材广泛、文化内涵丰富、造型夸张、粗犷的构图中蕴涵细腻技艺的独特艺术风格[6]。

三、融入人们日常生活

渤海靺鞨绣的手工绣品自然离不开专业绣娘，而这些绣娘们也必须经过专门的集中培训，经过培训后的绣娘们在家里就可以进行手工刺绣，通过完成刺绣来增加自己的收入。渤海靺鞨绣博物馆在日常生活中也会接待外客，向大众讲解靺鞨绣的起源发展，展示绣品的风采。其中，每周的周末，往往会有很多大、中、小学生到靺鞨绣博物馆来了解这种古老的技艺。近几年，渤海靺鞨绣博物馆的展品达到上万件，已经成为宣传渤海靺鞨绣、传播当地历史文化的重要地点。

四、与时代潮流密切相关

渤海靺鞨绣虽然是一项古老的技艺，但在很多绣品中融入了一些现代时尚的元素，紧贴现代生活。个别作品在靺鞨绣后期调色过程中，为了能使绣品更具有现代感，通常会在原图的基础上，将柞蚕丝的颜色调亮，绣出的作品不但与当代人们的审美一致，还富有原画的神韵。靺鞨绣还根据现代市场的需求推出了一系列衍生品，包括旅游纪念品、商务礼品、家纺用品等，这些衍生品都已经投入市场，并且取得了不错的销售业绩。此外，第四代传承人孙艳玲在深圳建立了渤海靺鞨绣的研发基地，带领着专门的研发团队通过一系列的市场调研来研发特色产品，而牡丹江市作为靺鞨绣的发源地，同样也是生产基地，则为国内外提供产品来源。

第六节　作品赏析

渤海靺鞨绣绣品种类主要为衣服、鞋、帽等，刺绣绣品内容大多取材于百姓喜闻乐见的花草鱼虫、山水林木、飞禽走兽、日月星宿、福禄财喜、吉祥富贵、婚丧嫁娶、添子增寿等内容[7]。渤海靺鞨绣的主要代表作品分为四个系列，各色装饰画刺绣系列，如冰雪景色的刺绣画、宠物刺绣画等；现代家纺系列，如蚕丝被、灯具、琉璃纱瓶、桌棋等；现代服饰鞋帽系列，如绣花鞋、绣花服饰、箱包等；有靺鞨绣元素的旅游纪念品和商务礼品系列。

一、装饰画刺绣系列

以刺绣的形式表现出来的"关北三大怪"（图1-24），在当时的民间有一种说法，即"窗户纸糊在外，两个孩子吊起来，大姑娘抽烟袋"。由于满族野兽居多，为了保护孩子的安全就会将孩子吊起来；而大姑娘抽的烟袋里面装的烟叶，用于驱赶蚊虫。这幅作品内径60cm×70cm，外框100cm×100cm，采用手工刺绣的方式，以三角针、乱针、套针、接

图 1-24 《关东三大怪》

针、滚针等针法绣制而成，是著名画家张双凤的作品，将儿时的记忆与乡村的生活重现。

渤海靺鞨绣的很多作品都是以自然风光为主题（图1-19、图1-25、图1-26），《扬帆起航》这幅作品（图1-19）内径70cm×85cm，外框100cm×100cm，风景壮观，给人气势磅礴的感觉，刺绣中的帆船代表着迎风起航、搏击风浪、永不停歇，寓意扬帆起航，一帆风顺，生活顺心如意。在风景靺鞨绣中，以冰雪为主题的绣品得到很多人的喜爱，《中国雪乡》（图1-25）内径29cm×98cm，外框64cm×133cm，采用三角针、铺针、施针、乱针等针法手工刺绣而成。看到这幅绣品，我们像身临其境一般，最高的山峰、最密的林海、洁净的阳光、厚重的积雪、淳朴的生活，都一一映在眼前。同一系列的作品见图1-14、图1-25、图1-26。

图1-25 《中国雪乡》（二）

图1-26 《中国雪乡》（三）

《边疆少女》（图1-27）内图55cm×65cm，外框88cm×100cm，是中国写实画派成员对孔喜《青春记事》的作品，作品中的少女双手紧握的动作使得作品生动形象，又给人一种平静亲切的风格。类似的人物绣见图1-28。

双面动物绣《猫》（图1-29）用到25种配色，采用三角针、虚实针、平针、接针等针法，耗时440小时完成。民间流传着这样一段话：猫举右手象征着招财、钱财源源不断；举左手则象征招揽顾客、生意兴隆。

在靺鞨绣中，花草树木及各种动物也是取材的主体（图1-30~图1-35）。

图 1-27 《边疆少女》

图 1-28 《慈祥》

图 1-29 《猫》

图 1-30 《水墨莲花》

图 1-31 《夏趣》

图 1-32 《红荷》

图 1-33 《荷花》

图 1-34 《红豆》

图 1-35 《蓝莲花》

二、现代家纺系列

　　用柞蚕丝制成的被子与桑蚕丝制成的被子相比，具有更强的透气性，光泽也更加艳丽（图1-36）；采用手工刺绣（双面绣）所绣制而成的家居类产品，例如灯具、琉璃纱瓶（图1-37和图1-38），它们主要使用琉璃纱网制作而成，琉璃纱网比我们日常生活中用到的纱窗更加耐磨，光泽感更强，不会褪色，是一种特殊加工出来的具有强紧密度的材料。这种灯具、纱瓶方便清洗，可以直接用湿抹布进行擦拭。桌棋用品也是现代家纺系列中非常受大众喜欢的产品（图1-39）。

图 1-36 柞蚕丝被

图 1-37 鞡鞨绣灯具

图 1-38 琉璃纱瓶

图 1-39 桌棋用品

三、现代服饰鞋帽系列

服饰、鞋帽鞓鞨绣的应用更加广泛，如人们日常生活中的帽子、丝巾、围巾、旗袍、衬衫、抱枕、手提包等。其中，丝巾尤其受大家喜爱（图1-40和图1-41）。这种丝巾主要用柞蚕丝制作，面料光滑细腻，深受广大女士喜爱。

图1-40 柞蚕丝制成的丝巾（一）

图1-41 柞蚕丝制成的丝巾（二）

专门为女士设计的柞蚕丝包同样深受大众欢迎（图1-42），包上的花纹主要以花草树木为主，色彩较为艳丽，适合当代女士日常出门携带。这些包已经投入市场，并且取得了很好的销量，同时也被作为国礼赠送给国际友人（图1-43）。

图1-42 各式花纹的女士包

图1-43 鞓鞨绣国礼

鞓鞨绣在衬衫、满族旗袍上的应用十分广泛，如图1-44～图1-47所示。

东北的民间还流传着许多古老的满族服饰，有发带、帽子、耳护、鞋子、钱包、围裙、肚兜等，这些服饰的花纹主要是以花草鱼虫、山水林木为主，有福禄财喜、吉祥富贵之意。满族人在日常穿戴中经常会用到发带、帽子与耳护（图1-48～图1-49），在冬天天气比较寒冷的时候，通常会戴耳护、帽子防寒；以前汉族妇女包裹小脚穿的鞋子（图1-50），有三寸之大，与小孩子的虎头鞋大小差不多；鞓鞨绣第二代传承人手工刺绣的钱包（图1-51）；满族人在做家务活常带围裙，图1-52所示的围裙上面绣着虎头和花卉，有吉祥富贵的寓意。

图 1-44　现代服饰

图 1-45　旗袍（一）

图 1-46　旗袍（二）

图 1-47　衬衫

图 1-48　满族发带

图 1-49　满族人冬天戴的耳护

图 1-50　"三寸金莲"鞋子

图 1-51　第二代传承人自制钱包

图 1-52　围裙

四、旅游纪念品、商务礼品系列

旅游纪念品、商务礼品是国际交往、艺术交流、业务洽谈、会议纪念中首要选择的纪念品和收藏品。传承人将刺绣与现代科技元素相结合开发的小礼品（图 1-53），远看像笔记本，实则是充电宝，上面附带 U 盘，适合于各种手机型号，打开之后能在一侧看到各种型号的数据线（图 1-54）。

图 1-53　充电宝外型

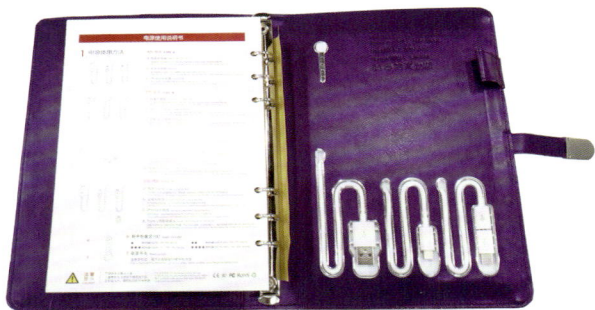

图 1-54　充电宝内部

旅游纪念品、商务礼品还包括很多迷你版的女士手提包（图 1-55），手提包上面的花纹主要是牡丹花为主，颜色以红、黄为主色调。一些典型的文创产品也投入市场中，例如鼠标垫等（图 1-56）。

传承人专门为前来旅游观光的人群设计了旅游纪念本（图 1-57）及纪念卡夹

（图 1-58），它们方便携带，并且做工精巧，令人赏心悦目。其中，荷包、挂饰、牙签套、手镯、戒指、耳环、钱包、LED 灯等都是较为常见的纪念品、礼品，如图 1-59～图 1-68 所示。

图 1-55　女士手包

图 1-56　鼠标垫

图 1-57　旅游纪念品

图 1-58　整套的纪念卡夹

图 1-59 荷包挂件（一）

图 1-60 荷包挂件（二）

图 1-61 牙签套

图 1-62 手镯（一）

图 1-63 手镯（二）

图 1-64 戒指

图 1-65 靺鞨绣钱包（一）

图 1-66　靺鞨绣钱包（二）　　　图 1-67　LED 灯（一）　　　图 1-68　LED 灯（二）

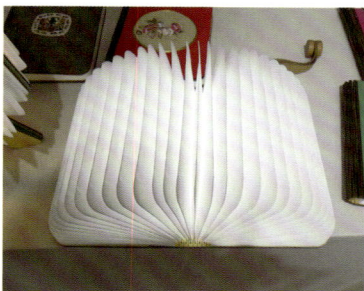

第七节　传承人专访

　　为进一步深入研究并继承和创新渤海靺鞨绣非物质文化遗产，笔者组织了此次调研。由于在调研期间，第四代传承人孙艳玲女士在深圳出差，因此调研专访了渤海靺鞨绣第五代传承人蒋丽娜女士。

一、请您简要介绍下渤海靺鞨绣的发展现状。

　　蒋丽娜女士：现在我们主要是分为线上和线下两个部分来宣传发展靺鞨绣的产品。线上我们有专门的销售平台，线下有展馆、市中心的培训部、深圳的满绣博物馆。一些长期合作的老客户、企事业单位会专门向我们定制一些产品；有些绣品也会通过拍卖的形式进行销售，包括很多精品都是在拍卖会上被销售掉的。家纺产品大部分是老客户进行定制。

二、请问：您在推广靺鞨绣中遇到了哪些困难？

　　蒋丽娜女士：其实我们在把渤海靺鞨绣做起来的同时，也带动了整个黑龙江刺绣行业的发展，不同地区的各个绣类也都发展起来了。在哈尔滨的时候，每年都会推出一个新的系列，董事长孙艳玲，她有很多创意性的点子。公司有一年做冰雪绣，就是将作品用棉花把框子糊上，给人一种雪的质感，于是就命名为"冰雪绣"。后来哈尔滨有一个工作室也做出了冰雪绣。现在这种刺绣，很多同行都在做，相互模仿的行为很常见。比如说，我们有什么新产品出来了，就有人很快跟上来模仿，这应该算是一大难题吧。

三、请问：当地有没有针对咱们作品知识产权的相关保护？

　　蒋丽娜女士：当地暂时还没有这方面的保护。我们主要做自己的创意产品，不会像市场上有些同行一样跟风走，什么东西价值高、受欢迎就绣什么产品。例如，我们有意去接一些私人定制业务，像私人宠物定制的订单，绣出来后进行精美装裱，这就避免了市场上盲目跟风的情况。同时我们也在努力寻求自己的特色，除了一些知名画家留下来的画作，力求在其他绣品上的图案都有自己的原创或设计。

四、请问：当地政府有没有为鼓励渤海靺鞨绣的发展创造一些条件？

蒋丽娜女士：这里的绣工主要是一些下岗工人和农村的剩余劳动力，而当地政府的劳动部门对这些人有专门的培训资金政策扶持，他们可以免费参加刺绣的培训，这样不仅解决一部分人的就业问题，而且也从侧面为靺鞨绣的发展提供了劳动力。另外，国家级的非遗项目也会有保护费用，我们可以根据自己的需求，了解政府的一些扶持政策，如果与我们这个非遗项目贴近，也会主动去申请一些资金的扶持。

五、请问：您平时出席的一些大型展会的相关信息由谁提供？

蒋丽娜女士：市政府或省政府会免费提供一些展会的信息和展位的费用，我们只需要负责自己吃住行方面的花销。出席这些展会主要有两个目的，一个目的是宣传咱们渤海靺鞨绣，另一个目的是销售旅游纪念品，这些产品都很受当地百姓的欢迎。

六、请问：咱们靺鞨绣与学校有合作吗？

蒋丽娜女士：有的，我们现在在做一个项目，叫作"非遗进校园"。牡丹江市和深圳都在进行这个项目的工作，主要是面向小学，像牡丹江实验小学、牡丹江光华小学等。这个项目主要是发放给他们一些材料包，交给他们刺绣的技法。我们也在大学做过类似的项目，像在黑龙江幼儿师范专科学校、牡丹江师范大学、牡丹江大学都有过类似的培训课程。

七、请问：您是如何看待"非遗进校园"的？

蒋丽娜女士：我觉得传统文化还是要从娃娃开始抓起，要让他们去了解咱们中国传统的非物质文化遗产。一方面我们带着这个非遗走进校园，另一方面很多学生也会来到我们展馆。有的幼儿园的孩子，他们在知道非物质文化遗产博物馆后，就会在做社会实践课时来我们展馆。另外，朝鲜族中学也经常带一些韩国的留学生来我们展馆，师范学院与我们也经常合作，促进留学生与中国传统文化的交流融合。

八、请问：您对渤海靺鞨绣的未来发展有什么期望？

蒋丽娜女士：第一，让它走进千家万户，靺鞨绣不但是挂在墙上的一个艺术品，还可以融入百姓的生活，必须让靺鞨绣不仅具有美观性，欣赏性，而且还能与日常生活结合，具备更强的实用性，这也是我们在以后的文创产品中要继续挖掘的路子。第二，我们的非遗项目不仅走入小学，也希望它能在初中、高中得到更多的发展，让更多的孩子们去了解这项文化。从孩子们的口中传到家长的口中，再从家长的口中传到家庭的口中，这样就能使更多的人了解这项非遗文化。

九、请问：渤海靺鞨绣相关产品有出口到国外吗？

蒋丽娜女士：2012 年和 2013 年这两年中出口销量较好，但现在由于高额的关税，出口受到了阻碍，所以最近几年没有出口靺鞨绣到国外，还是以国内的市场为主。平时有国际大型展会时，偶尔也会通过展会销售一些纪念品。

十、请问：您以何种方式选择传承人？

蒋丽娜女士：最近正准备寻找第六代传承人，一般是在较年轻的学员中选择几位作为传承人。我们学员的年龄结构主要有三类，第一类是 30~40 岁，基本都是宝妈，将绣娘这个工作作为自己的第二职业；第二类是 50~70 岁，与我们合作的最大年龄的绣娘已经达到 70 岁；第三类是 40~50 岁，这些大都是中级绣娘，她们的体力、眼力都能跟得上，主要靠绣娘这份工作来赚钱。

十一、请问：您认为怎么样才能够带动年轻人也加入进来呢？

蒋丽娜女士：我认为就是要培养他们的兴趣，只有她们发自真心地喜欢这项文化，才能够坚持下去。

第八节　传承现状和对策

一、传承人为刺绣技艺发展做出的贡献

近年来，孙艳玲和蒋丽娜女士带领着靺鞨绣作品多次在国内外参展，得到社会各界人士的一致好评；还受邀参加刺绣课程的培训，并向小学生、中学生以及在校大学生传承刺绣技艺，为渤海靺鞨绣的宣传和推广做出了巨大的贡献。

2017 年 4 月，蒋丽娜女士参加黑龙江省 958 非物质文化遗产艺术展；5 月，孙艳玲和蒋丽娜女士参加牡丹江非物质文化遗产保护日活动；5 月，非遗走进校园，蒋丽娜女士在长安小学宣传靺鞨绣；10 月，孙艳玲与蒋丽娜女士参加牡丹江首届工艺美术创意精品展如图 1-69~图 1-72 所示。

2018 年 1 月，蒋丽娜女士参加哈尔滨时装周，展出渤海靺鞨绣作品；3 月，非遗走进校园，蒋丽娜女士走进职教中心；5 月，蒋丽娜女士参加德国汉堡文化交流会；6 月，孙艳玲与蒋丽娜女士受邀拍摄《主播旅行社》；7 月，蒋丽娜女士参加2017~2018 文化消费成果展；7 月，韩国釜山东女子高等学校来渤海靺鞨绣展馆进行

文化交流；9月，蒋丽娜女士接待黑龙江省90名中小学教师；9月，蒋丽娜女士参加黑龙江省全民学习活动周；10月，蒋丽娜女士参加"外交部黑龙江全球推介会"；11月，蒋丽娜女士参加"2018中国国际旅游交易会"；12月，蒋丽娜女士参加黑龙江冬季文化旅游推介会。如图1-73~图1-84所示。

图1-69　黑龙江省958非物质文化遗产艺术展展品

图1-70　孙艳玲（左四）与蒋丽娜（右三）参加牡丹江非物质文化遗产保护日活动

图1-71　蒋丽娜在长安小学宣传靺鞨绣

图1-72　蒋丽娜（右一）参加牡丹江首届工艺美术创意精品展

图1-73　哈尔滨时装周靺鞨绣展区

图1-74　蒋丽娜女士在职教中心宣传靺鞨绣

图1-75　蒋丽娜女士（右二）参加德国汉堡文化交流会

图1-76　蒋丽娜女士（左二）拍摄《主播旅行社》

图 1-77　孙艳玲女士拍摄《主播旅行社》

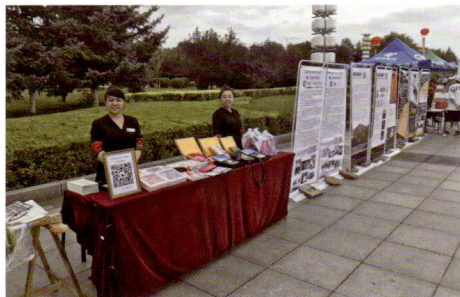

图 1-78　蒋丽娜女士参加 2017~2018
文化消费成果展

图 1-79　蒋丽娜女士接待韩国留学生

图 1-80　蒋丽娜女士接待中小学教师

图 1-81　蒋丽娜女士参加黑龙江省全民学习活动周

图 1-82　蒋丽娜女士参加
外交部黑龙江全球推介会

图 1-83　蒋丽娜女士参加 2018 中国
国际旅游交易会

图 1-84　蒋丽娜女士参加黑龙江省
冬季文化旅游推介会

2019年1月，蒋丽娜女士参加2019小康龙江扶贫年货大集，被黑龙江省电台《法制频道》现场录播采访；4月，蒋丽娜女士参加第四届中国民间艺术博览会；5月，蒋丽娜女士参加第十二届中国艺术节演艺及文创产品博览会；6月26~29日，蒋丽娜女士参加第十届中俄文化大集，并受到阿穆尔州电台的采访；10月，蒋丽娜女士参加"一带一路"中俄牡丹江国际文化旅游摄影展，在盛会上推出了庆祝建党70周年的三幅佳作，广受好评；11月，在北京举办国家非物质文化遗产个人展。如图1-85~图1-90所示。

图1-85　蒋丽娜女士参加2019小康龙江扶贫年货大集

图1-86　蒋丽娜女士参加第四届中国民间艺术博览会

图1-87　蒋丽娜女士参加第十二届中国艺术节演艺及文创产品博览会

图1-88　蒋丽娜女士参加第十届中俄文化大集

图1-89　蒋丽娜女士参加"一带一路"中俄牡丹江国际文化旅游摄影展

图1-90　北京国家非物质文化遗产个人展展区

二、传承现状

渤海靺鞨绣虽然已经被列入国家非物质文化遗产名录，但它未来的发展仍然面临着不少的挑战，从目前的情况来看，制约靺鞨绣传承与发展的因素有下列几种：

（一）靺鞨绣的宣传力度还不够大，覆盖面还不够广

尽管传承人在政府的扶持下参加过数十场国内外展会，但对于普通百姓来说，这项古老技艺距离自己仍然非常遥远，大家对靺鞨绣的认识与理解程度有待提升。

（二）靺鞨绣同行之间存在相互模仿、跟风生产的行为，使得推出的原创产品得不到有效的保护，存在知识产权方面的纠纷

例如，当某个绣品投放市场并取得了较为可观的收入后，就会有大量的刺绣厂商生产同种绣品，而当大量相似的刺绣产品同时投入市场时，消费者可能出于某种"物以稀为贵"的消费心理，放弃对这种产品的购买，这就会造成绣品滞销的情况，造成大量的人力、物力和财力的浪费。而当地政府也没有相关刺绣产权方面的明文规定，因此这种行为一直得不到遏制。

（三）传承人呈现老龄化、不稳定的特点，且绣娘的年龄结构分布差距较大

年轻绣娘较为稀缺，大部分都是下岗工人或者是农村剩余劳动力，她们都是将刺绣作为自己的第二职业或者是工作之余补贴家用的工作。而这些刺绣的主要劳动力又因为年龄偏大，体力和眼力都不如年轻绣娘，刺绣的速度与质量就有所下降。而年轻人大都不愿意去真正学习、研究、创新以及发展渤海靺鞨绣，渤海靺鞨绣的持续发展力不从心，前景堪忧。

（四）销售渠道不完善

目前渤海靺鞨绣的销售缺乏固定的渠道，大多以老客户、企事业单位定制为主，以拍卖、展会销售为辅。加上近些年来关税的提高，靺鞨绣斩断了向海外出口这条销售渠道，这种销售模式往往具有很大的不确定性和不稳定性。因此，如何构建完善的销售渠道是当下渤海靺鞨绣传承与发展面临的主要问题。

三、传承对策

随着时代的不断发展，渤海靺鞨绣这项古老的技艺也受到了很大的冲击。针对以上在传承和发展渤海靺鞨绣过程中遇到的一些问题，不能仅仅依靠政府、高校和传承人去解决，这需要整个社会的共同努力。笔者认为，针对靺鞨绣现有发展过程中的问题，我们可以从以下几个方面着手。

（一）加大对渤海靺鞨绣的宣传与普及

博物馆在收藏、陈列渤海靺鞨绣工艺品的同时，应该通过高新技术研究渤海靺鞨绣，利用现代网络的传播方式，例如拍摄靺鞨绣的刺绣过程、讲解靺鞨绣的起源与发展、宣传靺鞨绣的风俗及习惯，增加人们的内心精神享受，进而加强人们对渤海靺鞨绣的认知与保护意识；博物馆也可以通过举办一些公益性的展会，在展会上展出自己

的原创特色作品或创意旅游产品，放弃低端、无特色产品的生产，研发制作出具有地方特色的、精致的工艺品，以此来激发人们的兴趣，逐渐打开渤海靺鞨绣的知名度，建立品牌效应；政府方面可以促进靺鞨绣与当地旅游产业的合作，将刺绣技艺融入当地旅游文化，在旅游市场上投放自己原创的旅游纪念品。

（二）政府应出台刺绣产品产权相关法律法规

针对市场上盲目跟风生产同类绣品的现象，政府应该对抄袭、模仿行为进行明确的界定，进而出台具体的管理办法，对抄袭模仿的生产商进行罚款或者采取其他惩罚措施。政府可以积极支持整个刺绣行业的产品创新，一方面对靺鞨绣行业的产品研发进行资金投入，促进整个刺绣行业的良性竞争；另一方面还可以对原创产品进行国家补贴，或者为这些产品提供销售渠道，以带动整个刺绣行业的创新。

（三）转变传承人的培养方式，壮大人才队伍

必须要从传统的静态传承模式向动态传承模式演变，传统的祖传、师传的传承人培养方式在现代社会已经不适用，只有突破以家庭为单位或师徒制的传承模式，将传统手工艺商业化，才能避免学徒难寻、传承乏力的境遇。渤海靺鞨绣的传承人虽然拥有娴熟的工艺技术，但是整体年龄偏大，文化水平有待提高，因此，政府需要加大对传承人的扶持力度，而传承人要在政府的帮助下对下岗工人或待业在家的妇女开展刺绣工艺培训，一定时期后对个别传承艺人进行二次培训。另外，可以与高等院校、企事业单位进行合作，采取在高校开设选修课程，对企事业单位人员培训、定期考核的方式来壮大刺绣人才队伍，同时，也要吸引大批大学生关注刺绣技艺，激发他们对这项工艺技术的兴趣，进而达到传承和保护渤海靺鞨绣的目的。

（四）完善刺绣产品的销售渠道

渤海靺鞨绣的发展不能只靠国家政策生存，也不能只靠传统的自销方式，而应该积极融入现代创意营销模式，把握潮流风向。组织靺鞨绣进行专业化、规模化的生产，降低生产成本；进行市场化运作和商品化经营，减少中间的交易费用。建立专门的研发和营销团队，针对市场需求进行调研，有针对性地生产满足大众需要的创意性产品。争取做到在保留传统技艺的同时，最大限度地获得利润，更好地传承渤海靺鞨绣这项非物质文化遗产。

参考文献

［1］ 中国非物质文化遗产网－中国非物质文化遗产数字博物馆.http：//www.ihchina.cn/.

［2］ 孙艳玲.把古老技法变成时尚产品 靺鞨绣被搬上世界展台.https：//heilongjiang.dbw.cn/system/2017/07/31/057729444.shtml.

［3］ https：//baike.baidu.com/item/%E6%9F%9E%E8%9A%95%E4%B8%9D/9450541?fr=aladdin.

［4］ 渤海靺鞨绣：指尖上的时尚产业.http：//www.sohu.com/a/78637531_119718.

［5］ 孙艳玲.渤海靺鞨绣："针尖芭蕾"跳出世界 满族技艺续民族魂.http：//www.sohu.com/a/192779924_99995046.

［6］ 走访试验区｜似画非画靺鞨绣 千年技艺一脉传.http：//www.ruili.gov.cn/.

［7］ 渤海靺鞨绣首次亮相第四届中国（潍坊）民间艺术博览会.http：//www.wfnews.com.cn/news/2019-04-18/content_2106132.htm.

第二章

宁古塔满绣

宁古塔满绣，因为诞生于满族的发祥地宁古塔而得名。宁古塔满绣具有很鲜明的满族特色，2012年被牡丹江人民政府列入非物质文化遗产名录；2013年被收录于第四批黑龙江省非物质文化遗产名录，类别为传统美术（表2-1和图2-1）。2014年4月，贾秀兰女士被评为宁古塔满绣的省级代表性传承人（图2-2）。2008年7月，贾秀兰女士成立了宁古塔满绣坊。这一民间传统的古老刺绣技艺，经过宁古塔满绣坊挖掘、整理、创新后，现已形成规模化生产，产品不仅受到国内客户的欢迎，还远销俄罗斯、美国、加拿大、多哥、哈萨克斯坦、日本及东南亚等国和地区。

表2-1　宁古塔满绣简介

名录名称	宁古塔满绣
名录类别	传统美术
名录级别	省级
申报单位或地区	黑龙江省宁安市
省级传承代表人	贾秀兰

图2-1　黑龙江省省级非遗项目证书

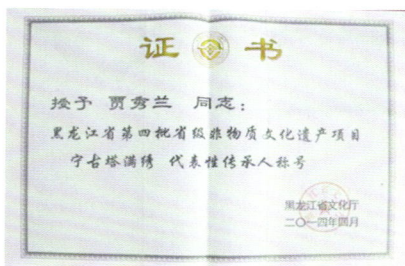

图2-2　黑龙江省省级非遗项目代表性传承人证书

第一节　起源与发展

一、宁古塔满绣的起源

宁古塔满绣诞生于满族先民肃慎民族的发祥地，据文物考证，有五千多年的历史。在古代，满族祖先信奉萨满文化，崇尚巫舞文化以及各种原始艺术。《新唐书·渤海传》中"显州之布，沃州之锦，龙州之绸……"的记载显示，宁古塔地区的人民大约在唐朝的渤海国时期开始刺绣，从当地出土的舍利子的花纹绸布包裹和贞孝公主陵墓壁画人物的服饰上看，当时的满族人民已经掌握了宁古塔满绣的技法。金代女真族时期，中原刺绣文化和契丹族刺绣文化的融合，使宁古塔刺绣有了新的发展。清朝时期，宁古塔满绣更是在民间开始广泛流传，一代一代传承人致力于推进宁古塔满绣传承，使这一瑰宝不断传承和发展。宁古塔满绣每代传承人见表2-2。

表 2-2　宁古塔满绣传承人

代别	姓名	性别	出生年月	民族	传承方式
第一代	李淑琴	女	1932 年	满族	家族
第二代	张雪琴	女	1903 年	满族	师徒
第三代	陈玉华	女	1930 年	满族	师徒
第四代	贾秀兰	女	1954 年	满族	家族
第五代	张博雯	女	1980 年	满族	家族
第五代	谭佳丽	女	1984 年	满族	师徒

二、宁古塔满绣的发展

　　宁古塔满绣第四代传承人贾秀兰女士（图 2-3），现年 65 岁。从 10 岁起，和母亲学习满绣，到了 16 岁时，拜张雪芹为师学习满绣。大学时期就读于牡丹江师范学院，毕业后进修中央音乐学院学习音乐和美学专业。文艺理论及听觉艺术使她对绘画、刺绣有了更深刻的理解和升华。

图 2-3　贾秀兰女士在做宁古塔满绣

　　为了挽救并继承满族宫廷刺绣的技艺，作为满族文化的传承者，贾秀兰女士一直以"传承满族文化、弘扬关东精神"为发展理念，以满族文化为内涵，以地方文化为特色，进一步传承、挖掘关东满族刺绣的文化精髓，2008 年 7 月 7 日，贾秀兰女士创办了"满绣坊"（Manembro Workshop），其绣品得到了专家和社会各方面的认可，深受社会各类人群的喜爱。传承人贾绣兰所获荣誉见表 2-3。

表 2-3　传承人贾秀兰所获荣誉

时间	颁奖单位	奖项说明	证书展示
2012 年 8 月	中国工艺美术协会	满绣作品《花开富贵》在第七届中国·龙江国际文化艺术产业博览会上获得 2012 年"金凤凰·龙江赛区"创新产品设计大奖赛银奖	

时间	颁奖单位	奖项说明	证书展示
2014 年 10 月	中国工艺美术协会	满绣作品《千手千眼观音》在第十五届中国工艺美术大师作品暨国际艺术精品博览会"中国原创·百花杯"中国工艺美术精品奖铜奖	
2015 年 6 月	黑龙江省非物质文化遗产保护中心	获首届黑龙江非物质文化遗产传承人薪传奖	
2017 年 10 月	中国工艺美术协会	刺绣作品《沉思》在第十八届中国工艺美术大师作品暨手工艺术精品博览会上获得 2017"百花杯"中国工艺美术精品奖银奖	

2013 年 8 月 16~18 日，贾秀兰女士带领 10 余名绣娘参加了第六届中国（牡丹江）—俄罗斯（远东）国际木业博览会，此次展会在牡丹江国际会展中心隆重举行。贾秀兰女士的参展作品得到了老艺术家的指导与点评，受到了各级领导的高度评价（图 2-4）。

图 2-4　第六届木博会参展

2013 年 8 月 22~26 日，贾秀兰女士带领满绣坊绣娘参加了在哈尔滨国际会展中心举行的第八届中国黑龙江国际文化艺术博览会，展会上满绣坊技艺精湛的绣娘们的表演以及创作出的一幅幅精美的绣品赢得了社会各界人士的高度评价和认可（图 2-5）。

2014 年 10 月 18~20 日，由东阳市承办的世界工艺文化节，活动以"振兴世界工艺美术、传承小类手工技艺、发展文化创意产业、共创手工劳作辉煌"为主题，通过展览、会议、论坛等内容，展现繁荣多元、和谐议事、欢歌笑语、自由奔放风貌。近 60 个国家的代表参加表演，展示各国的人文风情。满绣坊作为黑龙江省民间手工艺组织应邀参加，并在展会上展出了极具特色的宁古塔满绣作品，得到中外同行及各界友人的关注（图 2-6）。

2016 年 7 月 11 日，由国务院台办邀请台湾千人大学生参观团来大陆夏令营，并由省台办安排了 47 人到宁古塔满绣博物馆参观与交流（图 2-7）。

2017 年 7 月 12 日，宁古塔满绣作为中国黑龙江省的代表，参加哈萨克斯坦阿斯塔纳世博会。宁古塔满绣作为黑龙江省的名片，向世界各国展示了静物和人物作品，展示了黑龙江省的美丽风貌，希望与全世界人民共筑幸福路（图 2-8）。

图 2-5　第八届文博会参展

图 2-6　贾秀兰（左）和世界手工艺理事会
亚太地区主席加达·席佳薇（右）合影

图 2-7　台湾龙脉相传青春中华参观团
参观宁古塔满绣

图 2-8　贾秀兰女士在哈萨克斯坦世博会上
进行讲解

第二节　风俗趣事

一、"打下墅"的轿搭子

满族青年男女相爱后，结婚前男方家要给女方家送彩礼（俗称过礼），一般都会准备丰厚的彩礼。结婚前一天，新娘由伴娘陪伴，坐轿到男方家附近预先借好的住处下榻，轿子的两边就有两个绣的轿搭子（图 2-9）。出嫁时用来驱鬼辟邪，俗称"打

图 2-9　轿搭子

下塌"。第二天由男方在下榻处迎娶新娘。这一习俗是由于特定的历史原因造成的。清朝时期，士兵连年征战，长年不得归家，满族女子需先在军营附近借房暂住，等待完婚，久而久之，成为习俗。

二、婚嫁不可或缺的云肩

云肩（图 2-10）起源、发展于隋朝，普及于清朝。清朝时期，各个阶层的人都会佩戴云肩，更是成为婚嫁女子的必备品。云肩主要有两种形状，一种是四合如意，另一种是条带状，一般是由两层的八片垂云组成，在每片垂云上绣图样，不是花鸟草虫，就是戏文。绣制云肩有许多针法，例如滚针、挽针、松针、齐针、接针、抢针、打子、钉线、盘金等。绣制的纹样有人物、动植物、桥梁等，曲线流畅，针法细密，色彩典雅，是民间的艺术[1]。清朝祭奠神灵时女人戴的"云肩"非常珍贵，平时是不能拿出来给外人看的，只有祭奠神灵时才佩戴。

图 2-10　云肩

三、"传世之宝"枕头顶

枕头顶（图 2-11）是典型的满族"闺阁"刺绣，纳纱艺术之一。满绣枕头顶件件都是珍贵的满族传世文物，是我国民族刺绣艺术中的瑰丽奇葩。传统满族枕头顶多用代表满族八旗的四色为基调，构图典雅，色彩艳丽，充分展现不同时期的满族信仰、民俗和神话传说，枕头顶记录了满族人世代的喜怒哀乐，甚至一个枕

图 2-11　枕头顶

头顶就有一个故事，是满族不同形式的历史记载。如绣有"六月雪""牡丹朝凤""桂花满堂""莲花结籽""刘海戏金蝉"等的枕头顶，至今已有一百多年的历史，体现了满族先民万物皆有灵、天人合一、人与自然和谐的思想。

四、情洒满绣 ，爱心传承

贾秀兰女士的学徒有很多，她不仅在宁古塔满绣的教学上倾情以授，还在生活上对她们多加关怀。每当她的学员遇到困难，她都尽自己的能力去帮助她们。贾女士的徒弟队伍中有几个显眼的身影，她们是聋哑人士。贾女士从她们十几岁时就开始教授刺绣，带领她们自给自足，改善生活。不仅如此，还让她们住在自己的家里，每月自己补贴她们，学员结婚时，还给她们提供了力所能及的帮助，甚至还主动当起了媒人，成就她们美好的姻缘，徒弟们都从心里感激她。

第三节 制作材料与工具

宁古塔满绣所需要的材料与工具都很常见，主要是绣布、绣花针、绣线、绣架、剪刀、笔等。

一、绣布

宁古塔满绣的绣布（图 2-12）多选用纯色布料，白色、黑色绣布是最常用的。绣娘会根据作品风格以及用途的差异选择合适材质以及颜色的绣布。

图 2-12　绣布

二、绣花针

绣花针（图 2-13）是刺绣中最常用的工具，一般有两种，一种是尖头针，另一种是圆头针。宁古塔刺绣中最常用的就是尖头针。如果绣布为带有细孔的面料，就要选择圆头针。

图 2-13　绣花针

三、绣线

宁古塔满绣常用的绣线（图 2-14）一般有纯棉绣线以及合股线两种。纯棉细绣线由单根纱组成，也可以合股，大概有 40 个色系，每个色系又分为 6~9 个色阶。合股线是由六股纱组成，本身有光泽，颜色典雅，每个色系的绣线都有灰色的成分。蚕丝线和柞蚕丝线都适合在软缎等柔软的底布上刺绣，也可以在玻璃丝纱

图 2-14　绣线

（一种专门用做双面绣的很薄、很透明的薄纱）上做双面绣。

图 2-15　绣架

四、绣架

现在的宁古塔满绣一般常用来制成大幅画作，所以绣架是很常用的。绣架的上半部分是绣绷，用于固定绣布，只有绣布固定才能绣出平整不走形的绣品。绣绷的一侧通常放置所需的绣线。绣架如图 2-15 所示。

五、笔

笔（图 2-16）是用来描稿的，一般绣娘在绣之前，都会把画稿画在选好的绣布上。

六、剪刀

剪刀（2-17）是刺绣中最基本也是最常见的工具，是用来剪裁的。

图 2-16　笔

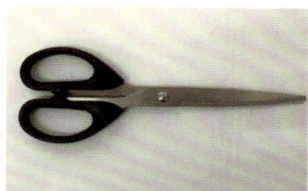

图 2-17　剪刀

第四节　制作工艺与技法

宁古塔满绣工序复杂，主要依靠手工完成，主要工艺流程如图 2-18 所示。

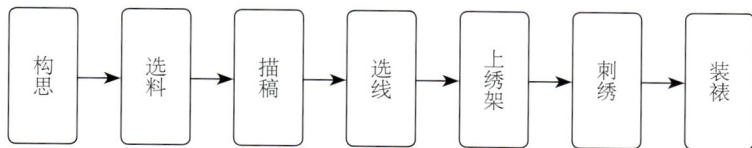

构思 → 选料 → 描稿 → 选线 → 上绣架 → 刺绣 → 装裱

图 2-18　宁古塔满绣工艺流程

一、构思

绣娘需要先构思出绣品的图案、颜色和用途，这是宁古塔满绣的第一步。如果绣娘心中没有大概的图样是绣不出好作品的。

二、选料

选料（图 2-19）是指构思后，绣娘会根据构思好的图样等选择合适的绣布。不同的绣布对针线和图案的要求不同，只有绣布配上对应的针线、图案，才会绣出好的作品。

图 2-19　选料

三、描稿

描稿（图 2-20）是指在刺绣前，绣娘把构思好的图样轻描在绣布上的过程。画出的图样结构要合理，这样绣出来的作品才会自然灵动。

四、选线

选线（图 2-21）是指根据绣娘构思的图样和用途，选择适当的绣线，为下一步做准备。每一个色系的绣线要多选择两个色阶，这样绣出来的作品才能显得自然漂亮，过度均匀，作品就像照片一样精美。

五、上绣架

上绣架（图 2-22）是在选择好绣布和绣线之后，就要把绣布架到绣架上，这样绣出来的作品才能平整均匀。

图 2-20　描稿

图 2-21　选线

图 2-22　上绣架

六、刺绣

刺绣（2-23）是指在绣娘描稿完成后的下一步工序。刺绣时，要平心静气，这样绣出的作品才能针脚细腻。

图 2-23　刺绣

七、装裱

装裱指根据作品不同的用途，选择适合的装裱方式。这样可以使作品更好地保存下来。图 2-24 所示为装裱好的作品。

图 2-24　装裱

第五节　工艺特征与纹样

自古以来，手工刺绣一直深受人们的喜爱，在清代更是尤为盛行。在人们的生活中，上到皇帝妃子，下到寻常人家，穿和用上都有宁古塔满绣的影子，因而宁古塔满绣成了满族最具特色的代表，经久不衰。宁古塔满绣在中华民族艺术宝库中自行一体，经过几代艺人的传承与发扬，已经成为当代中国非物质文化遗产中的瑰宝，具有很强的传播和收藏价值。

一、工艺特征

宁古塔满族刺绣是从金代女真族的钉线开始，钉线是女真族人妇女装饰狩猎的箭囊和马鞍坐垫的一种简单、粗糙的民间手工技艺。开始时是一种防止狩猎中间休息、吃饭之后互相拿错狩猎用具的一种"记号"，后来逐渐发展成为一种手工艺术。钉线是以白色粗布和白色皮革为底衬，将材料的四周边缘绣上粗犷的黑线装饰，形成了"黑白分明"的对照，图案显得黑白分明，线条清晰，粗犷有力，自然和谐，妙趣横生。

宁古塔满绣具有强烈、浓郁的民族和地域特色。造型夸张粗犷，温和善良，色彩明艳，冷暖对比，有朴实的情感，常以针代笔，以线代色，针步均匀，纹理清晰；笔法囊括国画，工笔画，素描，油画等多种绘画艺术，针法有平针、长针、施针、倒针、缉锁、平金绣、双套绣等。

二、纹样

宁古塔满绣沿袭女真族人钉线的民间艺术，并有了新的发展，在颜色的选择上，既继承了女真族人选用黑线的特点，又学习和吸收了汉族人使用多种彩色线的特点；在底衬原料和颜色的选择上，宁古塔满绣改变了女真族人用白色粗布和白色皮革做底衬的习俗，学习吸收汉族刺绣选用彩色的布料做底衬；在绣品的设计上既有花边，也有比较完整的花、鸟、鱼、水的图案，形成了宁古塔满绣自己的刺绣特点。

宁古塔满绣的题材包括山水、花鸟、草虫、走兽、人物、文字等。绣品形象生动，逼真传神，动物活灵活现、栩栩如生，花卉香气扑鼻、尽态尽妍，人物惟妙惟肖、呼之欲出，山水灵动秀美。

第六节 作品赏析

宁古塔满绣的作品一共有六个系列，包括人文系列、静物系列、生趣系列、风景系列、花卉系列、宗教系列。下面展示几幅贾秀兰女士的作品。

一、人文系列

贾秀兰女士十分擅长人物绣品，她的作品有《沉思》、《藏族女孩》(图 2–25)、《母亲》(图 2–26)。2017 年 10 月，作品《藏族女孩》在牡丹江"创新、创造、创业"首届工艺美术创意精品展中获特等奖。

《送渤海王子归国》（图2-27）选自温庭筠的《送渤海王子归本国》。渤海国作为一个受唐帝国册封的地方政权，曾建都于敖东城（今吉林敦化东南）。敖东城是渤海国初期政治、经济、文化中心。渤海和唐朝双方交流学习以及贸易往来十分频繁，尤其是渤海十分向往中华文化，如"数遣诸生诣京师太学，习识古今制度"（《新唐书·渤海传》）；多次派文人到长安抄回《汉书》《三国志》《晋书》《三十六国春秋》《唐礼》等历史、政治文献；渤海王子和贵族子弟纷纷至中原学习，有的经过科举考试，留作唐朝官员。渤海的部分官员、使臣大都善用汉文撰写奏章。在渤海与唐朝的密切交往中，唐人对渤海人的感情不断加深。此图描写的就是渤海王子学成归国时，温庭筠与之依依惜别之景。2015年9月29日，《送渤海王子归国》荣获牡丹江首届手工编织制作文化旅游纪念品创意大赛一等奖。

图2-25 《藏族女孩》

图2-26 《母亲》

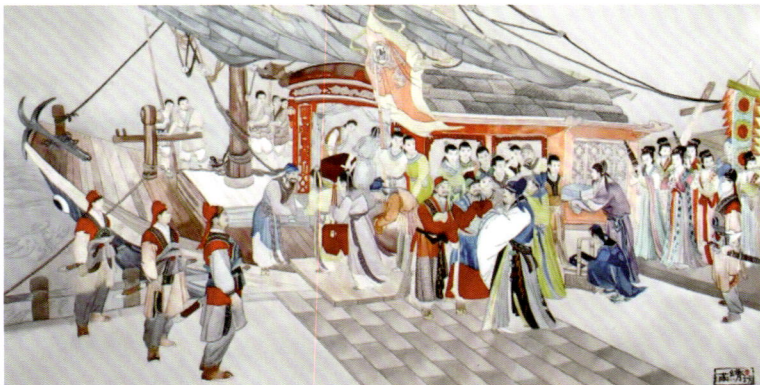

图2-27 《送渤海王子归国》

二、静物系列

《鼎》（图 2-28）这幅作品是贾秀兰女士的作品之一。青铜时期，鼎象征着权力，是立国重器。周代时期，铸鼎就意味着会有重大庆典或者朝臣接受君王封赏。

三、生趣系列

《母子猴》（图 2-29）中，小猴子紧紧缩在大猴子的怀里，大猴子用手臂环住小猴子，小猴子有些许害怕的神态，更多的是稚嫩。这幅作品让人感受到了浓浓的母爱。《白头海雕》（图 2-30）别名美洲雕，大型猛禽，北美洲特有物种，是美国的国鸟。白头海雕有着十分鲜明的特点，淡黄色的眼睛和嘴，白色的头和颈，暗褐色的身体，非常雄壮。

图 2-28 《鼎》

图 2-29 《母子猴》

图 2-30 《白头海雕》

四、花卉系列

《花开富贵》（图 2-31）内径：166cm×83cm，外径：2.20cm×120cm，绣制工时为 368 天，所用针法为乱针绣、细平绣。此幅作品针脚短，颜色多，有明暗变化、里外之层、远近之分，远处朦朦胧胧，近处清清楚楚，虚实绣法活灵活现，让人赏心悦目。一花开放不是春，百花开放才是春，该图百花齐放，洋溢着春天的气息，寓意春天的美好幸福、吉祥、富贵、平安。

图 2-31 《花开富贵》

五、宗教系列

《千手千眼观音》（图 2-32），作品规格为内径：84cm×67cm，外径：120cm×98cm，用时 198 天，运用平针绣、乱针绣的混合绣，主要运用细平绣的针法，共用了 1315 种不同颜色的线绣制而成。"千手观音"全称"千手千眼观世音菩萨"，是佛教六观音之一。

图 2-32 《千手千眼观音》

第七节 传承人专访

一、请问，您是如何走上传承宁古塔刺绣这条路的？

贾女士：我生长在满绣之家，10 岁跟母亲学习刺绣，16 岁向第二代满族刺绣传承人张雪芹老师拜师学艺。这刺绣艺术看着很美，学起来却是个苦差事。比如绣人物皮肤就需要把 1 根细细的绣花线分成 16 根丝，用其中一根丝线来绣，还要有 70 多种针法不断变换……针扎手指头、师傅苛责都是家常便饭，就这样我曾经整整绣了 8 年。尽管如此，我仍旧喜欢刺绣。

二、请问，您为什么之后离开培训班并开启了自己的创业之路？

贾女士：2005 年，我退居二线，领导安排我去宁安市东京城工作。那段时间，我发现周边很多妇女闲散在家，把时间都浪费在了闲聊瞎逛打麻将上。我想，要是能把这些人组织起来加以培训，学点技能，大家不就都有生活出路了吗！说干就干，在劳动就业部门和市教育局大力支持下，在东京城京城高中的空教室里，我们劳动技能培训班终于开课了。四年来，我们对东京城镇、沙兰镇、渤海镇、马河乡、卧龙乡、镜泊乡 6 个乡镇的下岗职工和农村剩余劳动力进行了再就业技能培训，培训的专业有计算机、面点、厨师、月嫂、中医按摩等七八种职业技能，16 期共培训了 3536 余人次，就业率达 75%。现在，绝大多数学员都有了自己的岗位，像面点班的徐海英开起了馒头店，计算机班的张凤英开了彩票站，月嫂班学员学成后很多送到北京的月嫂公司，第一个月就拿到工资 6000 元，一些金牌月嫂一月工资 10000 元左右，像这样的事儿太多了。就这样，培训基地把我的创业热情一下子点燃了，我感觉自己年轻了许多，也正是这份激情成就了后来的我和我的满绣坊。

三、请问，成立满绣坊您有哪些难忘的经历？

贾女士：为了把绣庄办好，多次到大依兰满族乡向82岁的陈玉华老艺人学习。找到牡丹江刺绣文化的民间高人——103岁的王芝茵老妈妈时，我如获至宝，老妈妈耳不聋，眼不花，绣花从来不用描花样，我和老妈妈一同研究满绣。

为了让绣庄快速发展，我曾五次下江南到上海、苏州等地取经。当时就靠着网上的一点儿信息，赶到南方的一个小桥村考察。冒着大雨徒步走了40多里路才找到地方。南方人都喜欢种树，好长一段林荫路都没有人，当时确实既孤独又害怕。那个村全村都搞刺绣，家家都在搭的塑料棚里做绣活。看到这些情景我震惊了，我就挨家挨户地看，根本不记得吃饭。有一次饿得我前胸贴后背，腿都软了，幸亏一个当地人给了我两个果子才救了急。

创业并不是一帆风顺的，绣庄在发展过程中资金就遇到了困难，为了给员工开支，我把自己所有的首饰都卖了，还把老伴退休的12万元房改基金全部搭上，三天就发完了，老伴无奈地说："你让我拿在手里热乎热乎也行呀！"现在姐妹们都把绣坊当成了自己的家，与我风雨同舟，患难与共，当遇到新产品研发和市场营销需要资金时，姐妹们你三万，她两万，把自己的小金库都贡献出来了！

其实谁创业的过程都很难、很苦，但是有创业的激情，加上执着地坚守，才让每一个创业者从零起步，走出了属于自己的路。

四、请问，您招收了很多下岗女工和农村妇女做绣徒的因缘是什么？

贾女士：做教师时，我深知为人师者"传道授业解惑"之责。退休之后，我依然感到自己肩负一种社会责任。选择满绣创业，就是要传承和发扬宝贵的满绣文化，让更多的下岗姐妹实现再就业。

五、请问，您是如何培养宁古塔满绣传承人的？

贾女士：我的绣娘多数都是下岗女工和农村妇女，没有太高的文化素质，更没有刺绣基础，我把她们当作小学生从头培养，从头塑造。我高薪聘请专家、教授来讲课，稍微有点儿基础的我就带到镜泊湖、地下森林写生，让她们亲自感受大自然的色彩，面对面、手把手地教。

为了打造一支有文化、懂礼仪、善合作的绣娘队伍，我还举办礼仪培训班，向她们传播国学精髓，教导她们孝老爱亲。目前，我们已经培训学员2300多人，合作绣娘800多人。绣坊规模越来越大，绣娘整体素质越来越高，我就想让我们的满族文化走向全国，走向世界。于是我请牡丹江海纳传媒专业团队为绣坊策划制作宣传片，印发宣传册，在电视台刊登免费学习的广告；我还带领绣娘们参加国内外各大展会，各种比赛，我们的作品从市级、省级、国家级直到问鼎国际大奖，不仅受到国内客户的欢迎，还远销俄罗斯、美国、加拿大、多哥、日本等国，我们的满绣文化终于走向

047

了世界！

六、请问，请您谈一谈满绣坊目前的发展状况。

贾女士：2016 年开始宁古塔满绣进校园——宁安实验小学，4 年累计 200 多名小学生学习宁古塔满绣技艺。2018 年开始，我们与宁安市职业教育中心合作，招收宁古塔满绣班学员，已投入 70 多万元，80m² 的刺绣教室、420m² 的宁古塔满绣展览厅。80m² 的产品储藏间，60m² 的研讨会议室，拥有 50 套绣架的满绣传承教室，配有多媒体教学设备，可容纳 50 位学员同时上课。目前有 32 位学员在学习（图 2-33），累计选修学员已达 530 人，已经形成持续性、常态化的非遗教习职业课程，有效促进了非遗项目与教育深度融合。

图 2-33　贾秀兰女士在讲课

七、请问，您对宁古塔满绣未来发展有什么期望？

贾女士：8 年时间，一路走来，满绣坊已经从注册资金 100 万的一个小手工作坊，成长为一家集经营、研发、生产、加工、销售为一体的品牌文化企业，宁古塔满绣已经被列为黑龙江省非物质文化遗产。我相信这门技艺未来会发展得越来越好，希望未来有更多的优秀的绣娘加入到我们中间来！

第八节　传承现状与对策

一、传承现状

在贾秀兰女士的带领下，满绣坊的前景越来越好。满绣坊坐落在宁安市，紧邻美丽的镜泊湖，这里是渤海国文化、满族文化的发祥地。近年来，培训满绣学员 4800 余人，拥有合作绣娘 860 余人。现在，还与宁安市职业教育中心合作，招收宁古塔满绣班学员。

贾秀兰女士的作品多次在国内外参展，得到各界人士的好评。贾秀兰女士的徒弟也有很多，但能够绣到贾秀兰女士那样程度的却很少。

二、传承问题

1. 广告宣传不到位

若要宣传宁古塔满绣文化，不仅要有传承人，还要有广告宣传。东北三省作为旅游大省，经常会在电视广告时间宣传自己的旅游胜地，但是却很少有把宁古塔满绣当作一个旅游宣传点来宣传。在电视或者视频 app 上很难见到有关广告，更不要说满绣坊等满绣企业对电视节目的冠名。而且，在网站或者微信公众号的推送上也很少能见到宁古塔满绣的文章，更别提对其传承人的访谈。更加没有运用现代新媒体方式为其进行宣传。如今，宁古塔满绣的绣品质量好，在各大展览会上大放异彩，且受到部分相关人士的关注，但并未大众化普及。

2. 产业化不足

满绣坊虽然已经成立将近十年了，通过当地学校的支持以及各大展览会提供作品以及定制服务来获得一部分资金，但是目前满绣坊的工作重点在于传承这项传统手工技艺，通过开办培训班和学校选修课程让人们了解宁古塔满绣这一传统的手工技艺，并且通过参加各种比赛和相关展览提高国内外知名度，期望通过这两种方式让人们逐步了解宁古塔满绣。但是培训班和选修课程基本都是公益性质的，不从中获利，从短期来看，公司还可以支撑，但从长期来看，公司就难以为继了。此外，作品定价没有明确的标准这也是急需解决的一个问题。所以，只有真正让宁古塔满绣产业化，才能让宁古塔满绣长远地保存下去。

3. 人才青黄不接

非物质文化遗产保护中有一个重点就是传承人的保护。口传心授，活态传承是手工技艺传承的显著特点。录像录音、文字记载不能完整体现宁古塔满绣的面貌，宁古塔满绣一旦后继无人，那么这种传统手工技艺的传承将面临断层的危险。而且，非物质文化遗产的传承也有传承人文化水平的一些影响。

目前，满绣坊的组成是贾秀兰女士和合作的绣娘，此外还包括了感兴趣的学生等。贾秀兰女士虽然有自己的徒弟，但是年龄都偏大。而且，除贾女士在大学和研究生期间学习的就是音乐、美学，对艺术的了解相对深刻一些，有创作的灵感，其他兼具满绣理论知识和技能素养的老师较少，所以，有较高技能水平同时具有较好的理论基础的绣娘队伍还未建立，不能做到理论和实际操作的双重教学与指导，对于一个需要长期发展的传承组织来说，这种不稳定的状况亟待解决。宁古塔满绣既要把握好产品效率也要确保每件作品有自己独特的魅力。

三、传承对策

1. 加强宣传力度

为确保宁古塔满绣广泛深入人民群众中，建议：一方面，结合现代先进科技媒体，做到线上宣传到位，增加宁古塔满绣的知名度。首先，在满绣坊的网站制作一些精美的宣传片，涵盖满族刺绣的一些基本知识，上传满族刺绣艺术的相关图片和制作的视频，让一些年龄较小并且网络操作容易上手的人可以接触。其次，可以在网站上穿插一些刺绣的广告，不知不觉中增加人们对满绣的熟悉感。还可以开发一个关于宁古塔满绣的手机软件，让学习宁古塔满绣的人有更加便捷和现代化的途径，也为人们接触宁古塔满绣提供良好的平台。同时，可以将微博、微信、抖音等平台都利用起来，向民众普及宁古塔满绣知识，发布与宁古塔满绣有关的主题活动。另一方面，可以与旅游产业相结合进行线下推广。最近几年，黑龙江省的旅游业蒸蒸日上，这是一个好的现象，既然旅游业可以发展，那么宁古塔满绣也可以发展。一是可以打造较商业化的满绣街，或者一个专门的充满满绣的商业街道或者旅游圈，在随处可见的广告牌上、道路旁的宣传栏、文化活动广场中加入宁古塔满绣元素的设计。二是东北三省的严寒天气远近闻名，每到冬季，全国各地的游客慕名而来欣赏东北雪景，可以在节省预算成本，又展现出东北地区的独特魅力的基础上，举办主题展览，在冰雕上播放美丽的刺绣作品，打造出属于东北的参与型特色旅游风景。在展览的同时，可以让前来参观的游客体验宁古塔满绣的魅力，手工制作宁古塔满绣，并将游客参与的成果在线上线下进行展示。三是政府可以鼓励相关文化部门联合举办作品展，与东北地区其他满绣联合展览，展览现场可以鼓励群众与宁古塔满绣艺术家互动，通过直播或者转播，吸引更多游客来到黑龙江甚至东北地区，等等。

此外，还可以借鉴一些文创产品的媒体营销。例如，最近两年大火的故宫文创产品。故宫不仅在文创馆进行推广，而且在淘宝线上平台同时进行了推广，从而扩展销售渠道。故宫还将许多有名的历史人物做成 Q 版玩偶，吸引公众目光，故宫的微信公众号不仅进行文本推广，还将文创产品代入其中，引发读者的购买兴趣。不仅如此，故宫还积极与受众互动，拉近与公众的距离。宁古塔满绣也可向这一方向深入发展，借鉴故宫这类成功案例，在注重绣品质量的前提下，宁古塔满绣一定可以获得长久良好的发展。

2. 生产性保护

国家统计局颁布的《文化及相关产业分类（2018）》标准[2]，文化及相关产业被分为 8 大类，在"内容创作生产"的"内容保存服务"中包括了文物及非物质文化遗产保护，可见非物质文化遗产已经被列入文化产业领域。这里所指的标准强调了遗产的保护和管理，合理应用是基于保护[3]。遗产属于不可再生资源，如果直接把遗产开发成文化产业，不利于遗产的可持续发展，我们要对其进行保护而不是破坏，可以进行文化创意产业的研发，例如带有遗产元素的衍生品产业化。

笔者建议规划特定区域，成立满绣手工基地，可以不单单只有宁古塔满绣，由专业的刺绣师傅现场手工刺绣，制作出机器无法比拟的刺绣作品。原因有三：第一，可以为制作和销售手工绣品提供场地；第二，让游客在这个基地里亲眼见证满绣手工制作全过程的同时，也可以亲手参与制作满绣绣品，希望游客可以感受到宁古塔满绣高深技艺的同时爱上这项传统技艺。第三，建立手工基地不仅能增加旅游业的收入，而且带动更多的人加入宁古塔满绣的传承学习，解决部分人口的就业问题。

打破传统旅游业单一模式，增加旅游项目的文化内涵，让游客在体验风景的同时，将非物质文化遗产的文化产品融入旅游产业中。宁古塔满绣主要在东北地区发展，因此东北三省应尽全力开发宁古塔满绣产品，让宁古塔满绣文化家喻户晓，用其独特的艺术魅力以及鲜明的民族文化特色吸引消费者的目光。

3. 推进人才培养

针对宁古塔满绣手工艺者正不断减少，且处于零散的不成规模的状态，满绣技艺针法也没有系统成册的问题，笔者建议：第一，应尽快将宁古塔满绣手工艺者集中起来，结合其自身的刺绣经验与先辈的刺绣方法以及专家的研究成果，将宁古塔满绣技艺系统地、完整地记录下来，装订成书，方便人们学习。第二，不仅要让下岗的人再就业，而且要吸收高校毕业生进入满绣坊，尤其是艺术设计方面的高级人才。要寻找一些设置文化创意专业的普通高校、高职高专校，增加宁古塔满绣等传统技艺的选修课，让更多有创新和创意设计能力的年轻人了解并喜爱宁古塔满绣，并致力于对其传承、保护和创新。

参考文献

［1］从婆婆的婆婆的老箱笼中翻出的云肩［OL］. https：//www. docin. com／p-322394938. html.

［2］文化及相关产业分类（2018）［OL］. http：//www. stats. gov. cn／tjsj／tjbz／201805／t20180509_
　　1598314.html.

［3］张景明，杨晨霞. 美术类非物质文化遗产衍生品产业化前景及发展路径探析：从辽宁省文化
　　产业的发展状况论起［J］. 通化师范学院学报，2016，37（3）：13-18.

第三章

岫岩满族民间刺绣

岫岩满族民间刺绣技艺是流传于辽宁省岫岩满族自治县满族群众中的刺绣艺术，起源于满族刺绣，在入主岫岩的上千年期间受汉族文化影响，最终形成极具特色的岫岩满族民间刺绣。岫岩满族民间刺绣技法独特，绣品具有粗犷豪放的风格特征，充分展现了岫岩满族人民的艺术创作热情，并生动展示了岫岩地区的民俗风情[1]。2008年6月，岫岩满族民间刺绣被国家文化部正式列入第二批国家级非物质文化遗产代表性项目名录，名录类别为传统美术类（表3-1）。传承人吴立梅女士于2019年6月被评为国家级非物质文化遗产项目岫岩满族民间刺绣市级代表性传承人（图3-1）。

表 3-1　岫岩满族民间刺绣简介

名录名称	满族刺绣·岫岩满族民间刺绣
名录类别	传统美术
名录级别	国家级
申报单位或地区	辽宁省岫岩满族自治县
市级传承代表人	吴立梅

图 3-1　岫岩满族民间刺绣代表性传承人证书

第一节　起源与发展

　　岫岩地区的满族民间刺绣花样繁多，造型讲究，写意不写形，构图讲究对称平衡，作品不仅具有较高的艺术水准，且展现了满族先民古朴的民风习俗和岫岩满族女性的生活智慧。岫岩满族女性以针为笔，以线代色，描绘了史诗般的瑰丽画卷，为世人留下了大量的艺术瑰宝[2]。

一、岫岩满族民间刺绣的起源与发展

　　满族作为我国最古老的少数民族之一，在传承过程中融合了汉、蒙、回等民族的文化，形成了独具特色的满族文化。据史书记载，1635 年皇太极在大政殿称帝，确立国号大清，改族号满洲，自那时起将宫廷刺绣及民俗刺绣统称为满绣。满绣侧重于实用性，多用于日常生活用品及服饰，其中以枕头顶刺绣流传下来的数量最多。满族刺绣用料以绸缎为主，土织布为辅；刺绣纹样繁多，日月星辰、花草鱼虫、戏本故事等内容尽皆采入纹样中，表达了对自然的崇拜及对美好生活的向往 [2]。

岫岩满族民间刺绣起源发展于辽宁省岫岩满族自治县，至今已有近四百年的悠久历史。在古代时，满族少女自幼学习刺绣，哪家的小姐绣活好说明这家姑娘手巧贤惠，精美的刺绣工艺品，是婚后送给婆家亲戚及邻里的最佳礼物。岫岩满族民间刺绣充分展示了岫岩地区满族社会生活的主要风貌，具有社会学、风俗学、民族学等多方面的研究价值 [3]。

二、传承人所继承的技艺的起源和发展

岫岩满族民间刺绣技艺历史悠久，其是由满族刺绣演变发展而来，并经过在岫岩地区生活的满族女性代代流传形成了岫岩满族刺绣技艺。东北满族女子，待嫁闺阁时都要学习刺绣。一方面要绣制些家里的日用消耗品，供家里日常使用；另一方面，还要绣制大量枕头顶、鞋垫等物品用于陪嫁。因为古时候评价一个新媳妇是否手巧、贤惠，就是看其绣功如何。新媳妇嫁到公婆家，将自己在闺阁中绣制的嫁妆当作礼品送给婆家的亲戚以及街坊邻居，一是获取好印象，二是向大家展示自己精巧的绣功。长此以往，刺绣这门技艺就在岫岩地区流传下来，形成了岫岩满族民间刺绣技艺。

岫岩满族民间刺绣技艺代表性传承人吴立梅女士（图 3-2），1964 年出生于辽宁鞍山市。吴立梅女士自幼受家庭影响，喜爱并涉猎研习岫岩满族刺绣技艺。童年时期吴立梅女士跟随奶奶学习刺绣技艺，成年后出于对刺绣的热爱，怀着更好的发展传承岫岩满族刺绣的想法，吴立梅女士于 2002 年到苏州专业进修刺绣技艺。2003 年，吴立梅女士回到家乡创办了丽梅绣庄（图 3-3），将苏绣与岫岩满族刺绣相融合，绣制了大量精美的作品。吴立梅女士在传承发展岫岩满族刺绣这个领域渐渐干出了名堂，一方面，她在岫岩自治县开设课程培养满族刺绣学员（图 3-4），已累计教出 400 多名弟子；

图 3-2　吴立梅女士

另一方面，她积极将岫岩满绣传播到外界，2012 年吴立梅女士举办了立梅绣庄作品展，展示了 100 多幅岫岩满绣作品。其精湛的技艺，精美的刺绣作品不仅被企业家和民间人士购买收藏，还远销英、法、日、俄、新西兰等国。

图 3-3　吴立梅女士在其创建的丽梅绣庄刺绣

图 3-4　吴立梅女士教授弟子刺绣

　　吴立梅女士凭借其积极传承发展岫岩满绣技艺的态度，于 2012 年被辽宁省人民政府授予"辽宁省工艺美术大师"称号，鞍山市工艺美术协会副主席，鞍山市民间文艺家协会副主席。此外，吴立梅女士凭借其精妙的刺绣技艺，其绣制的作品也在各大刺绣博览会屡获奖项。其中，作品《锦鲤》在 2003 年辽宁省第二届"红山杯"精品博览会获得银奖，《橡树林》在第三届"红山杯"工艺美术精品博览会中获得银奖。2016 年 8 月，其作品参加中俄两国"指尖芳华"刺绣交流活动并获得优秀奖。此外，吴立梅女士积极与高校合作，培养岫岩满绣的传承人，向高校学生展示岫岩满绣的魅力。吴立梅女士被大连艺术学院聘为特聘专家，是辽宁轻工职业学院的客座教授，在"中国非物质文化遗产传承人群研培计划"中任辽宁省沈阳师范大学客座教授。其在多所高校里讲授的"岫岩满绣技艺"课程受到了高校学生的喜爱，并激发了高校学生对岫岩满绣创新发展的热情。2019 年 7 月 14 日，在辽宁轻工职业学院举行"辽宁省工艺美术大师吴立梅满族刺绣培训基地"揭牌仪式（图 3-5），开展岫岩满绣培养工作，拟在未来的时间培养更多可将岫岩满绣与现代元素结合创新发展的高素质人才。吴女士部分荣誉及获奖证书详见表 3-2。

图 3-5　辽宁轻工职业学院纺织服装系副院长毕万新和吴立梅共同为满族刺绣传承基地揭牌

表 3-2　传承人吴立梅女士所获荣誉

获得时间	颁奖单位	奖项说明	证书展示
2010 年 8 月	辽宁省工艺美术行业协会	作品《橡树林》在第三届"红山杯"工艺美术精品博览会中获优秀奖	
2012 年 12 月	辽宁省经济和信息委员会	授予吴立梅辽宁省工艺美术大师称号	
2017 年 10 月	大连艺术学院	聘请吴立梅女士为 2017 年度国家艺术基金项目"满族民间手工艺创新人才培养"讲座专家	
2017 年 10 月	大连艺术学院	聘请吴立梅女士为大连艺术学院特聘专家	

获得时间	颁奖单位	奖项说明	证书展示
2018 年 6 月	武汉纺织大学	吴立梅被评为中国非物质文化遗产传承人群民间桃花培训班优秀学员	
2018 年 10 月	新征程 再出发——庆祝改革开放 40 周年当代艺术大展活动组委会	吴立梅女士作品被选送参加"新征程 再出发——庆祝改革开放 40 周年当代艺术大展"	
2019 年 6 月	世界邮票上的中国文化展活动组委会	吴立梅女士的相关主题邮票,参加第二届"魅力中国 闪耀世界——世界上的中国文化"展览	

第二节 风俗趣事

　　岫岩满族刺绣技艺经过几百年的传承,积淀了深厚的文化底蕴。岫岩满绣在岫岩群众中传承发展,与当地的民情风俗相融,不仅丰富了岫岩地区人民的日常生活,还展示了岫岩地区的文化魅力和风俗习惯。

一、三月里来柳枝长,大姑娘窗前绣鸳鸯

　　"三月里来柳枝长,大姑娘窗前绣鸳鸯",这句俗语形象地描绘了过去岫岩满族

女性日常生活的真实写照。传闻在古时候，岫岩的满族少女无论家境穷富，从十三四岁起就要成天待在家里绣枕头顶、嫁衣、鞋等用品，为自己准备嫁妆。其中绣制鸳鸯象征着姑娘们对未来婚姻的美好憧憬，希望和未来的夫婿恩爱和美，长相厮守。且在那时候姑娘未出嫁时不能抛头露面，因此要想知道哪家姑娘贤惠手巧，就要看她绣制的物品是否精美。虽然随着时代的发展，不再以绣活的好坏评价姑娘，但岫岩地区地理位置偏远，气候较为寒冷，信息流动相对闭塞，且农耕空闲的时间较长。因此刺绣便成为女性闲暇时打发时间、交流情感的主要方式，岫岩满族刺绣技艺也在母女、婆媳之间代代相传，使得岫岩满族刺绣技艺被代代传承下来。

二、一支烟带来的灵感

　　吴立梅女士绣制刺绣版的油画《贵妃醉酒》（图 3-6）时，用了 26 种针法，历时四年才绣好。这期间最值得回味的是，吴立梅女士一直想绣制一幅最能体现岫岩满绣色彩艳丽这一特点的作品，偶然间她看到了油画《贵妃醉酒》，这幅油画的配色特别适合表现岫岩满绣的特色，于是她决定绣制一幅《贵妃醉酒》。但开始绣制时，却苦于不知如何展现杨贵妃醉酒后的翩翩起舞的动态感，就这样这幅作品一直难以达到吴立梅女士想要的效果。偶然的一日午后，吴立梅女士坐在绣架前构思如何绣制这幅作品，她点了一根烟，吐出的烟雾在阳光下散开，烟雾缭绕的动态感给了吴立梅女士灵感，她觉得可以运用贵妃舞动的袖子周围流动的空气，来展示贵妃翩翩起舞的动态感。由此，这幅惟妙惟肖的《贵妃醉酒》就呈现在大众眼前了。

图 3-6　《贵妃醉酒》

三、炕头上的艺术家

岫岩满绣来源于岫岩乡村民间生活，以往妇女都是在田间地头利用休息的时间绣制物件，而岫岩的绣女们就是民间艺术家，而"炕头上的艺术家"又是从何说起呢？

图 3-7　2015 年岫岩满族民间刺绣技艺传承座谈会（吴立梅，左一）

图 3-8　2015 年田野采风，吴立梅女士拜访刺绣老艺人（吴立梅，右）

这就要从岫岩地区的风俗习惯说起了，岫岩地处东北地区，一年四季中冬季时间最长，且冬季时天气严寒，岫岩家家户户都有土炕。炕就是一种用砖土砌成的床，炕下面有洞，连着烟囱，可以烧火取暖。冬天，岫岩处于农闲时期，所以家里的老人、妇女都坐在暖和的炕头上边做绣活边话家常，这是冬天时岫岩地区家家户户都常见的情景。许多精美的绣品都是绣娘们坐在炕头上创作的，因此岫岩的绣娘也可以称为"炕头上的艺术家"。

但随着交通的便利，许多年轻人外出打工，岫岩刺绣技艺渐渐失传，只有少数的老人家还保留着这个技艺。为了不让这门技艺失传，2015 年，吴立梅女士在岫岩满族文化馆帮助下，开始整理满绣绣谱（图 3-7）。她用了两年半时间到岫岩周边较为偏远的乡村田野，拜访当地刺绣技术好的老人家，与老人们坐在炕头上，听老人们回忆刺绣针法，看老人刺绣的旧物件，和老人一起刺绣，整理岫岩刺绣的纹样和针法（图 3-8）。目前吴立梅女士已经整理出 12 种岫岩满绣的针法。她表示将继续整理出剩余的针法，争取早日把岫岩满绣的 28 种针法都整理出来，使岫岩满绣能更好地传承和推广下去。

第三节　制作材料与工具

岫岩满族刺绣所需的材料主要为布、绣线、绣花针、绣架、绷子、剪刀、硫酸纸、牙签、痱子粉（白色粉末）等。

一、布料

岫岩满族民间刺绣制品多为生活中的实用品，主要包括衣物、鞋帽、荷包、烟袋、腰褡、枕头顶、桌围、床罩、门帘等。所用面料以缎、纱、土织布为主，依据刺绣制品的用途进行选择布料。

岫岩满族民间刺绣起源于岫岩满族自治县（简称"岫岩县"）周围村落，由于当时经济落后，物资匮乏，刺绣制品也多为枕头顶等日用消耗品，因此最初刺绣时选择的布料多以土织布为主。土织布的优点为价格低廉，柔软舒适，吸湿透气性好，耐磨损，更持久耐用，且由于老粗布由棉花纺制而成的棉线织成，原料纯天然无污染，且全部工艺采用纯手工制作，因此更绿色环保。其不足为颜色较少，无光泽，且其表面较为粗糙，不够高档。

在绣制嫁衣等婚嫁用品、工艺品这类对外观要求较高的绣品时，多采用绸缎面料。绸缎面料色彩艳丽，光泽细腻，光滑亲肤，制成品高贵典雅，但与此同时绸缎面料价格昂贵，不耐使用且难以保养。

二、绣线

岫岩满族民间刺绣根据制品用途及纹样的不同，所选择的绣线有三种：棉线、蚕丝线（图 3-9）、金丝线（图 3-10）。棉线是指用棉纤维搓纺而成的线，其优点是线质柔软、着色牢固、强度高、抗老化、耐磨、弹性好且价格低廉。蚕丝线是用蚕丝搓纺而成的线，其优点是丝线较细，且质地柔软，表面光滑，色泽艳丽，但丝线价格较高。金丝线是化学合成纤维纺制而成的线，其优点是光泽较好，强度高，制成品雍容华贵，但其价格较高，线质较粗较硬。

岫岩满族民间刺绣绣制日常用品时，线条状以及较为粗糙的纹样会采用棉线，其绣制的线条较粗。在选用丝绸面料及制作工艺品，以及绣较为细致、写实类的纹样多采用蚕丝线。在绣嫁衣以及盘金绣时会采用金丝线，金丝线因线较粗较硬，因此需搭配盘金绣针法进行使用。

图 3-9 蚕丝线

图 3-10 金丝线

三、绷子

岫岩满族民间刺绣的绷子，与其他刺绣使用的绷子稍有不同，是传承人根据使用习惯定制而成的，为 20cm×20cm 见方的木架子（图 3-11），这是因为岫岩满族

民间刺绣多用于民间枕头顶，枕头顶一般为
15cm×15cm 的正方形面料，绷子便于固定面
料，使面料表面平整易于刺绣。由于早先妇女
需下地劳作，定制的绷子需容易随身携带，便
于妇女利用空闲时间进行刺绣。

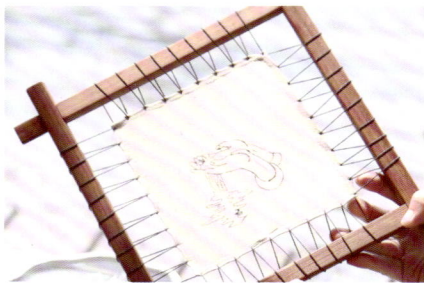
图 3-11　绷子

四、剪刀、牙签

　　岫岩满族刺绣中多使用小纱剪（图 3-12），
这种剪刀较为小巧轻便，可以放置在绣架上，便于随手取用，且刀片较薄，比较容易
贴近线头根部，因此剪过的线不易留线头。

　　牙签（图 3-13）用于按照硫酸纸上纹样的轮廓扎洞拓出纹样。虽然也可用锥子
等尖头工具，但牙签价格便宜，便于获取，易于携带，且较为安全，因此使用更多。

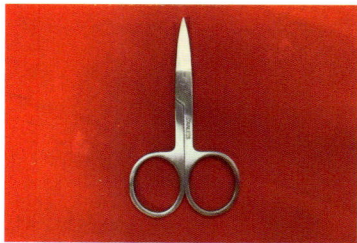
图 3-12　小剪刀

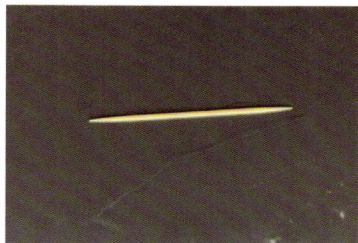
图 3-13　牙签

五、硫酸纸

　　硫酸纸是一种专业描图使用的半透明的纸
（图 3-14）。它是将纸张经过硫酸特殊制作后
得到的纸张，其优点为纸质纯净、强度高、较
透明、不变形、耐晒、耐高温、抗老化，因此
被广泛用于手工描绘。处理好的硫酸纸纹样可
多次反复使用，便于批量在面料上拓印纹样。

图 3-14　硫酸纸

六、痱子粉（白色粉末）

　　先将用牙签扎好洞的硫酸纸平铺在刺绣面
料上，再将痱子粉撒在硫酸纸上（图 3-15），
确保纸样上每个孔都有粉漏到面料上，随后拿
开硫酸纸，面料上就拓印出纹样了。当然，这
里并不一定就用痱子粉，也可以是其他白色细
腻粉末，只是痱子粉价格便宜，易于获取，后
期容易抖落。

图 3-15　痱子粉

第四节　制作工艺与技法

　　岫岩满族民间刺绣技艺体现了满族劳动人民的智慧，所需工具简单，针法多变。绣制的纹样如行云流水，不拘一格。本书中以茶旗的制作工艺为例，展现岫岩满族刺绣的制作工序，茶旗的制作工序大体分为以下六步。

一、设计纹样

　　传统的岫岩满族刺绣的纹样主要有三大类：日月星辰、花鸟鱼虫，戏曲画本，纹样较为简单粗犷，纹样风格多为淳朴自然。随着时代的发展，以及消费习惯、审美的改变，刺绣纹样也变得更多样化。传承人吴立梅女士在保留岫岩满族刺绣传统纹样的基础上，绣制名家的画作，从名画里截取部分花型当作刺绣纹样。如图 3-16 所示，团扇上的图案为《三秋图》上的部分花枝。

图 3-16　三秋图团扇

二、选择面料及绣线

　　面料及绣线的选择要充分考虑纹样及用途需求，一般绣制日用消耗品时多采用棉质面料，绣线也适用棉质绣线。绣制婚嫁用品及装饰品时，使用绸缎面料，绣线根据纹样多使用蚕丝线或金丝线。

三、制作纸样

　　在硫酸纸上描纹样，并用牙签按照硫酸纸上的纹样的轮廓扎孔。硫酸纸半透明，便于描纹样。因此先将设计好的纹样拓印至硫酸纸上，为便于将纹样拓到面料上，且

可以反复多次使用，岫岩满族刺绣中用牙签
将硫酸纸上的纹样按照纹路扎透，如图3-17
所示，扎时注意要确保将纹样边角处也扎到，
且扎的孔不能太过稀疏，面积也不宜太小，
要确保后期痱子粉可以从每个孔透过。扎好
的纸版可重复使用，不仅节省了人力，而且
确保批量生产时纹样保持一致。

图 3-17　扎好纹样的图纸

四、拓印纹样

　　将硫酸纸平铺在面料上，确保纸版与布料边缘对齐，如图3-18所示。将痱子粉
扑在硫酸纸的纹样处，并用力按压，确保每个孔都有粉末透过，在面料上印上纹样，
如图3-19所示。

图 3-18　将图纸平铺在面料上

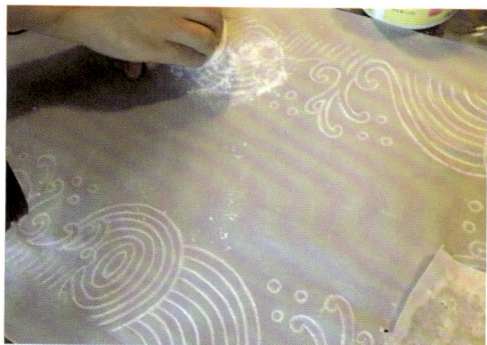

图 3-19　在图纸上按压痱子粉

五、描画纹样

　　确保面料上印有纹样后，即可将硫酸纸移开，如图3-20所示。用白色笔将面料
上的白色点平滑地连接起来，勾划出纹样，如图3-21所示。纹样描画完成后，抖落
掉面料上多余的痱子粉，保证面料整洁，如图3-22所示。

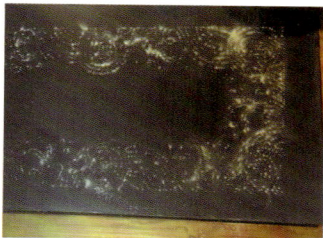

图 3-20　印有白色点状纹样
的面料

图 3-21　用笔连接纹样

图 3-22　清理干净并描好纹
样的面料

六、绣制纹样

按照描画好的纹样，根据纹样进行刺绣。刺绣时应注意针脚细密，确保线条流畅。刺绣完成后，将面料清理干净即可，如图 3-23 所示。

图 3-23　绣制完成的作品

第五节　工艺特征与纹样

岫岩满绣通过刺绣的形式，将满族人民的民间生活描绘得栩栩如生。岫岩满绣的特色是写形、写神、写意，造型夸张、颜色艳丽。岫岩满族民间刺绣的纹样多表达了群众对自然的崇拜，对美好生活的寄托[4]。

一、层层剥皮，疏密相间，疏能跑马，密不透风

岫岩满族刺绣技艺的特点是不拘一格，粗犷豪放与细腻朴实并存。与中国四大名绣相比，岫岩满绣具有北方满族人独特的民族特色，在造型及构图上讲究"层层剥皮，疏密相间，疏能跑马，密不透风"[5]。如图 3-24 所示的作品，刺绣用绣线充当

图 3-24　《松树》

绘画的颜料，根据颜色的变化，改变绣线的粗细、疏密，通过层层叠加的形式刺绣，这幅作品最多处共绣制了 10 层。

二、流光溢彩

　　根据刺绣纹样，将金线回旋，加于已绣或未绣的图样边缘，因其线条方向依照纹样盘旋绣制，因此称作盘金绣，如图 3-25 和图 3-26 所示。多用于花形夸张简洁、图形平展、装饰性强的纹样上，绣成后颜色对比强烈、艳丽夺目[6]。盘金绣一般与钉线绣针法相配合使用，将较为硬挺、不易造型的金银线钉于织物表面。其针法较为复杂，需要两根针，一根针上的线是主线，也就是金丝线，另一根针上的是辅线，是用来钉住主线的。一般根据面料颜色或图案颜色选定，辅线色彩要与刺绣色彩相呼应。由于金线颜色单一，但只要改变辅线的颜色，就能使金线也有颜色变化，盘金绣的钉针越密，辅线显现的颜色就越深，反之颜色就越淡，选择合适的辅线颜色配合金丝线，能很好地凸显盘金绣的特色。

图 3-25　盘金绣作品（一）　　　　　　　　图 3-26　盘金绣作品（二）

三、日月星辰，山川湖海

　　在满族文化中，萨满文化举足轻重。萨满文化也为满族刺绣提供了灵感。萨满文化信奉"万物有灵"，萨满文化中天、地、山、水、动物、植物等有关事物赋予了灵魂，认为这些自然环境孕育了他们的先民。这些自然崇拜、动物崇拜、祖先崇拜在满族世代先人的思想中根深蒂固，并代代相传，深深地烙印在原始满族人的骨子里，从而对满族先民的生活和习俗产生了巨大的影响，因此崇尚自然、热爱自然、表现自然山水、动植物题材的纹样在岫岩满族刺绣作品中比比皆是，如图 3-27～图 3-30 所示。充满魅力而满含神秘色彩的萨满图腾不仅为满族民间刺绣提供了丰富的题材，为满族民间刺绣艺术提供了灵感及创作源泉，而且为岫岩满族民间刺绣积淀了丰厚的文化基础。[7]

图 3-27　凤凰图腾

图 3-28　动植物图腾

图 3-29　祥云图腾

图 3-30　浪花图腾

第六节　作品赏析

一、龙凤嫁衣

图 3-31～图 3-34 所示的这套晚清风格满族的新娘嫁衣，是由传承人吴立梅女士亲自设计纹样并绣制。这件新娘嫁衣的配色体现了岫岩满族民间刺绣的用色大胆的特点，红、黄、蓝、白交相辉映，相得益彰。嫁衣前身绣凤、后身绣龙，嫁衣上的龙凤仿若翩然而至，栩栩如生，有龙凤呈祥的寓意，象征着新娘新郎是人中龙凤，未来生活富足和美。袖口及下摆处的祥云及海浪图腾，象征着祥瑞平安。嫁衣的下摆、袖口都配以精致的滚边工艺，衣襟口配有精致的扣襻。

图 3-31　岫岩满族传统嫁衣盖头

图 3-32　岫岩满族传统嫁衣上衣

图 3-33　岫岩满族传统嫁衣正面

图 3-34 岫岩满族传统嫁衣背面

二、花鸟鱼虫

　　岫岩满族民间刺绣纹样十分讲究写意，纹样朴素大方，风格较为粗犷。为了更好地传播岫岩满绣，吴立梅女士将岫岩满绣与苏绣相结合，用满绣的针法结合苏绣写实的特点，绣制了花鸟鱼虫的写实装饰画，代表作如图 3-35～图 3-38 所示。

图 3-35　鸟

图 3-36　《锦春图》

图 3-37 荷花

图 3-38 锦鲤

三、盘金绣——梅兰竹菊装饰画

梅兰竹菊在中国被称为"四君子"，分别象征着人具有的傲、幽、坚、淡这四种优良品质，在我国是诗人画家最常见的题材，深受我国百姓的喜爱。吴立梅女士绣制了梅兰竹菊装饰画，配合盘金绣针法，成品高贵典雅，雍容华贵，如图3-39～图3-42所示。

图 3-39 《梅》

图 3-40 《兰》

图 3-41　《竹》

图 3-42　《菊》

四、琳琅满目的工艺品

　　吴立梅对岫岩满绣传承发展有独到的见解，她认为岫岩满绣起初多用于枕头顶，随着生活水平的提高，鲜少有人使用枕头顶了，但岫岩刺绣不应从此消失，相反，应该融会贯通，运用传统的纹样制作出体现东北民俗的文创产品，岫岩满绣才可持续发展。基于这种想法，吴立梅女士开发了岫岩满绣传统纹样的团扇、拎包及笔记本等受消费者喜爱的新的商品种类，如图 3-43 ~ 图 3-45 所示。

图 3-43　岫岩满绣团扇

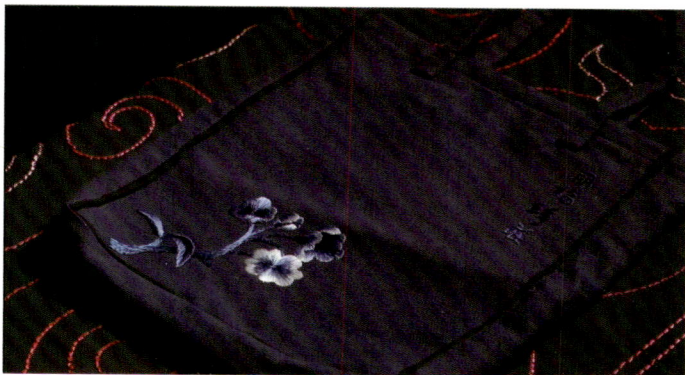

图 3-44　岫岩满绣拎包

图 3-45　岫岩满绣笔记本

第七节　传承人专访

笔者在实地调研岫岩满绣后，对吴女士进行了专访，就岫岩满族民间刺绣技艺的文化背景、技艺特色、发展现状以及对岫岩满绣未来发展的畅想等方面进行了深入的沟通。以下是本次专访的主要内容。

一、请问，您作为岫岩满族刺绣的传承人，请您简要介绍下岫岩满族刺绣的特色。

吴立梅女士：岫岩满绣纹样多为自然界的动物、植物。这是由于岫岩满族先民信奉萨满文化，萨满文化崇尚自然万物皆有灵魂，因此岫岩满族刺绣的纹样多为日月星辰，山火树木，花草鱼虫等自然界的万物的形态。另外，岫岩满绣的作品更注重于实用性，早期作品的面料及纹样都较为粗糙，使用的绣线也较粗，因为这样绣制的物品耐清洗，经久耐用。

二、请问，您在传承发展岫岩满绣的过程中做出了什么样的创新？

　　吴立梅女士：岫岩地处东北，东北的民风热情粗犷，因此岫岩满族刺绣整体也呈现出较为粗犷的风格。但随着生活水平的提高，消费者喜欢精美细致的风格。要想岫岩满绣继续传承下去，就要顺应市场的需求去改良创新。因此我尝试着运用满绣的针法表达较为细腻、写实的纹样，就像苏绣那样。这样既迎合了市场及消费者的喜爱，又保留了岫岩满族刺绣的传统针法。

三、请问：在传承发展岫岩满绣的过程中有没有什么令您难忘的事情？

　　吴立梅女士：我从小就特别喜欢刺绣，那时候家庭条件不好，绣线也是较为珍贵的，因此家里姐姐刺绣时，趁她们出门的空隙，我就偷偷地绣她们未完成的绣品。成年后，我觉得岫岩满族刺绣需要进一步的传承，我需要更系统地学习刺绣技艺。因此，我一个人去到苏州拜师学艺。当时在苏州的一个村子，我人生地不熟，且当地不能住宿，因此我住县城里，我每天往返要坐四五个小时的汽车，但我不怕苦，坚持学习了许久。系统地学习了刺绣技艺后，我回到岫岩创建了现在的丽梅绣庄，一方面制作售卖岫岩满绣工艺品；另一方面招收学徒，发展传承岫岩满族刺绣。

四、请问，岫岩满族刺绣产品现在的发展现状如何？

　　吴立梅女士：岫岩满绣现在主要以制作工艺品为主。因为现在的绣娘不同过去，过去是在农活空隙刺绣，用以家用，打发空闲时间。现在的绣娘，是要靠刺绣挣钱养家，如果做刺绣都吃不饱，就更加没人刺绣了。因为工艺品价格、销量都比传统满绣工艺品更好，所以我的绣庄以制作工艺品为主，工艺品按照工时算钱，制作得越细致，耗费工时就越长，价格越高，高至十几万的也有。但老祖宗留下的东西不能丢，我通过制作工艺品赚钱，制作一些传统岫岩满绣纹样的日用品，如笔记本、手拎包等，但这些物品并不赚钱，甚至是亏本在做，就是为了保留岫岩传统满绣纹样，让更多的人知道传统的岫岩满族刺绣技艺。

五、请问，岫岩满族刺绣传承面临的主要难题是什么？

　　吴立梅女士：岫岩满族刺绣现在面临的最大难题就是传承问题。一个是随着岫岩老的刺绣艺人的去世，许多传统的针法、纹样面临着失传的危机；另一个就是，随着素质教育的普及，从小学习刺绣的少之又少，且刺绣行业挣钱少，想要从事刺绣行业的人也越来越少，岫岩刺绣面临着传承人短缺的问题。

六、请问：您作为传承人认为应该如何去解决这些问题？

　　吴立梅女士：在创建丽梅绣庄时，我就有把岫岩满绣的绣谱整理出来的想法。2015 年我在县里领导的支持下，进行了连续 3 年的田野调查，深入岫岩周边的村里，挨家挨户地拜访村里面有名的老绣娘，和她们坐在炕上一起刺绣，在聊天过程中帮助她回忆过去经常使用的针法、纹样。现在我还在持续收集，希望能早日完成岫岩满族刺绣的绣谱的编写工作，供后辈参考学习，确保岫岩满族刺绣的针法、纹样不会失传，有留存的文字资料。在传承人培养方面，我开设岫岩刺绣培训班，招收弟子。另外，我还是多所高校的特聘专家，在高校开设岫岩刺绣技艺的课程。

七、请问：在岫岩满族刺绣技艺传承的保护方面，政府都做了哪些工作？是否有需要进一步完善的地方？

吴立梅女士：当地政府对于岫岩满族刺绣的传承方面还是大力支持的。在财政方面，政府给予了我们一定的补贴。在组织管理方面，当地有组织地开办刺绣研习班，开设刺绣培训课程，并组织开展了岫岩满族民间刺绣技艺传承座谈会。如果政府能多组织开展各地名绣的刺绣艺人的交流研讨会，会更加利于岫岩满族民间刺绣的创新发展，通过和外界专业人士交流也能让外界更多地了解岫岩满族刺绣。

八、请问，您对岫岩满族刺绣技艺的传承发展有何愿景及规划？

吴立梅女士：我想把岫岩满绣的品牌打响，打造成中国的奢侈品品牌。岫岩满绣工艺品低至千元高至数十万，需要耗费大量人力，制作品精美绝伦，其实也是一件奢侈品。因此，我们要做的就是认真地绣制每一件作品，根据市场及审美的变化，创新发展岫岩满族刺绣。

第八节　传承现状与对策

一、传承现状

岫岩满族民间刺绣技艺凝结了满族人民数千年的智慧成果，在岫岩满族刺绣作品中不仅体现了东北地区人民乐观向上、热爱生活的生活态度，而且表达了人民对自然的崇敬，对安居乐业、幸福安稳的生活的向往。岫岩满族民间刺绣技艺入选国家级非物质文化遗产后，在国家及当地政府的大力扶持下，举办了多次岫岩刺绣研习班，传承人教授村民刺绣。但由于专业从事岫岩满族刺绣行业的人逐渐减少，且购买岫岩刺绣产品的群体日益缩小，导致岫岩满族刺绣的传承与发展面临很多困境，笔者主要依据以下四个方面分析岫岩满族刺绣发展所遇到的问题。

（一）岫岩满族刺绣文化及技艺传承衰落

刺绣技艺的发展与其背后的文化底蕴密不可分。岫岩满族先民信奉萨满文化，但随着萨满文化逐渐消亡，了解及信奉萨满文化的人越来越少。岫岩刺绣的纹样大多来自萨满文化中对自然的崇拜继而创作而出的，随着萨满文化的衰落，缺乏了文化积淀的岫岩刺绣也逐渐衰落。另外，岫岩刺绣多以家族内部或邻里之间口口相传为主要传承方式，而老一辈会刺绣的老人相继逝去，许多纹样及针法逐渐消失。随着社会的快速发展和人们生活水平的提高，新的时尚潮流给传统手工艺造成了很大的冲击。岫岩满绣传统简单朴素的刺绣风格对现代年轻人吸引力较小，岫岩满绣作品的销量惨淡，使得以往靠刺绣谋生的农村妇女选择外出打工，刺绣技艺慢慢被搁置。多方面原因导致岫岩满族刺绣技艺的传承发展逐渐衰落。

（二）岫岩满族刺绣传承途径单一

家庭内部传承是岫岩满族刺绣传承方式中最主要的传承方式之一。这种传承方式指的是，家里的老人教给家里的年轻人。岫岩处于东北地区，信息闭塞，经济条件相对落后，家里的孩子缺少娱乐项目，她们自小就看着家里的老人刺绣，就把刺绣当作打发时间的娱乐项目，自幼学习刺绣。岫岩刺绣多是家族内的言传身教、耳濡目染，并没有专门学习过刺绣。除了家族传承的形式之外，师徒传承也是岫岩满绣的一种传承方式。随着家里的晚辈不再学习刺绣，家族传承的方式也逐渐减少，取而代之的是师徒传承。但这两种传承方式的学员数量较少，且创新能力较差，这样的传承方式难以解决岫岩刺绣传承人数量减少的问题，不能满足传承这项技艺所需人才的需求。

（三）扶持岫岩满族刺绣传承的组织管理不完善

自 20 世纪 90 年代开始，我国政府开始重视非遗文化的传承与发展，并陆续出台了保护非遗文化的管理办法和政策等。由于岫岩满绣传承方式的特性，导致岫岩满绣传承面临着传承人断层、传统针法图谱失传的困境。且随着消费习惯及审美的改变，岫岩传统刺绣产品销售量较小，传统刺绣产品市场趋于平淡。因此，单独靠其自发地发展难以维持现状，故而需要政府相关部门的大力扶持。虽然当地政府开始出台一些扶持岫岩满绣传承发展的管理措施，但仍存在管理机构不够系统化、资金匮乏等问题，保护岫岩满绣文化的传承政策及管理办法的落实程度还需进一步完善。

（四）岫岩满族刺绣产业化发展困难

岫岩满族刺绣的制作多为规模较小的家庭作坊形式，这种形式产量较少，作坊之间较为零散，难以形成较大范围的影响。且岫岩满绣位于东北，地域偏远，缺乏与外界的技术交流，发展较为缓慢。随着经济的快速发展，科学技术的进步，苏绣等名绣都具有较大规模且设备齐全的刺绣工厂，可规模生产，且有独立的品牌，但岫岩刺绣还仍处于作坊生产的模式。岫岩刺绣与外界交流不足，且刺绣产品较少，难以打开市场，因此销量较低，导致越来越少的人从事岫岩刺绣产品制作，岫岩刺绣更难以形成产业化。长此以往形成了恶性循环，导致岫岩刺绣难以打响自己的品牌，产业化发展困难。

二、传承对策

岫岩传统满族刺绣技艺被列入国家级非物质文化遗产保护名录中，是珍贵的文化遗产，需要有计划地保护，并大力扶持岫岩满族刺绣文化的传承。在新的时代下，对岫岩满绣实行保护与传承需要有科学有效的对策，笔者主要从以下四个方面来给出对策建议。

（一）宣扬岫岩满族刺绣文化，建立岫岩满绣技艺数字化文档

针对传承发展岫岩满族刺绣中缺乏岫岩刺绣文化背景的了解，以及岫岩满绣的针法随着老一代刺绣艺人的去世大量失传的问题。应大量收集岫岩满绣纹样、针法，建立数字化图库，确保岫岩满绣针法不再继续流失，也可为后续的传承人提供参考资料。与此同时，岫岩满绣的传承需将现代设计与岫岩满族刺绣文化相互融合，既顺应时代需求，又继承其内在的文化内涵，才能使岫岩满族刺绣传承与发展下去。

（二）拓展岫岩满族刺绣传承方式

岫岩满绣现存的传承方式较为单一，且有较大的局限性，学生的风格完全取决于老师的风格，学徒的学习资源比较局限，学生难以学习多方面的知识，因而其创新能力较弱。要解决这个问题就需要岫岩满绣在传承过程中顺应时代潮流，拓展新的传承方式。首先，随着我国素质教育的普及，中小学的教育重点侧重于文化课程，忽略了学生的体、美、劳的全面发展。中小学生的学习能力强，更应该去引导其学习了解中国珍贵的文化遗产，每个地区都有其特色文化遗产，可根据区域特色开设业余性的体验班。岫岩地区可邀请刺绣传承人走进校园开设岫岩满绣体验课程及岫岩满族文化普及课程，一方面向学生们普及岫岩刺绣文化内涵，另一方面可为学生增添兴趣爱好，丰富其课余生活。有效地运用高校学生较强的学习理解能力、创新能力及开拓的眼界等优良特性，对于传统文化更进一步的发展十分有益。可在当地高校开设岫岩满绣选修课，开展保护岫岩满绣非遗技艺的社会实践项目，让学生去深入了解，亲身的实践，激励对岫岩刺绣感兴趣的高校人才参与到岫岩刺绣的传承中。通过将传统技艺融入现代的教育中，更多地吸引综合素质较高的人才加入创新发展岫岩满绣的事业中。

（三）完善岫岩满族刺绣传承的组织机构

由于岫岩满族民间刺绣技艺目前传承状况堪忧，靠其自发传承的途径难以保证其传承下去，因此需要政府干预，扶持其发展。但现存的组织机构仍存在管理体系不完善、缺乏基础设施等问题。可从以下三方面完善组织机构现存的问题。首先，非遗保护需要科学系统的管理体系，一方面需要文化、旅游、教育等多个部门与非遗保护中心相互配合；另一方面，需定期组织学习，科学保护非遗项目的传承和发展。其次，在岫岩区域建设区县图书馆、满族文化馆、岫岩满绣作品及文化展览馆等基层文化服务站，向当地人民普及宣传岫岩满族文化，展示岫岩满绣技艺的魅力。最后，积极组织开展刺绣艺术家交流会，为刺绣艺术家们提供相互交流的平台，不仅可将岫岩刺绣技艺的魅力传播到外界，而且大师间的交流更有益于岫岩刺绣技艺的创新发展。

（四）宣传岫岩满族刺绣特色，坚持创新发展

由于岫岩地理位置偏远，其与外界沟通少，因此导致岫岩刺绣的特色难以传播出去。要解决这个问题就需要通过多种途径打开岫岩满绣技艺的知名度，首先，顺应科技发展，借助网络，制作宣传品、作品展览网页，增加岫岩满族刺绣技艺的知名度。其次，与当地旅游产业相配合，一方面，促进岫岩满族刺绣产品的销售及知名度的打开；另一方面，举办岫岩刺绣作品展销，吸引更多游客来到东北地区旅游。最后，最重要的一点就是创新传承岫岩刺绣。传承，"传"是指"原汁原味的技艺保留"，"承"是指"以我为主，为我所用"，因此在传承中既要保留岫岩刺绣技艺的特色，它其中所蕴含的千百年积累的文化，又要与现代设计结合，早日实现岫岩刺绣技艺的"传统现代化，设计本土化"发展。

参考文献

［1］岫岩满族民间刺绣：疏能跑马密不透风［OL］.［2018-10-09］. http：//www.360doc.com／content
／18／1009／15／31655491_793273287.html.

［2］宛文君，唐守祥. 满族民间刺绣传统技艺及文化内质探索［J］. 理论观察，2017（12）：22-24.

［3］亓智. 辽宁岫岩满族民间刺绣：访传承人吴丽梅［J］. 中国民族博览，2017（3）：7-8.

［4］http：//www.ihchina.cn／Article／Index／detail?id=14191.

［5］贺萧含. 满族民间刺绣非物质文化遗产的现状及发展研究［D］. 沈阳：沈阳建筑大学，2018.

［6］车吉心. 齐鲁文化大辞典［M］. 济南：山东教育出版社，1989.

东北三省纺织类经典非物质文化遗产

第四章

赫哲族鱼皮制作技艺

赫哲族鱼皮制作技艺是我国北方少数民族赫哲族的制衣技艺，流传于黑龙江省同江市、抚远市、饶河县和佳木斯市敖其镇等赫哲族集聚地区。2006年，赫哲族鱼皮制作技艺入选第一批国家级非物质文化遗产名录，名录类别为传统技艺（表4-1）。2017年我国第一批传统工艺振兴目录发布，赫哲族鱼皮制作技艺入选，项目编号为Ⅰ-FSZZ-23。鱼皮衣是赫哲族鱼皮制作技艺的主要载体，是赫哲族文化的重要标志，赫哲族人是中国唯一拥有鱼皮服饰的民族，被称为"鱼皮部"。2007年，尤文凤女士被文化部命名为赫哲族鱼皮制作技艺传承人（图4-1）。尤文凤女士制作的鱼皮衣继承了传统赫哲族鱼皮制作技艺的精华，其作品被各大博物馆收藏，同时，尤文凤女士还是赫哲族说唱故事依马堪的省级传承人，为传承与发扬赫哲族文化做出了巨大贡献。

表4-1　赫哲族鱼皮制作技艺

名录名称	赫哲族鱼皮制作技艺
名录类别	传统技艺
名录级别	国家级
申报地区或单位	黑龙江省饶河县、抚远市
代表性传承人	尤文凤

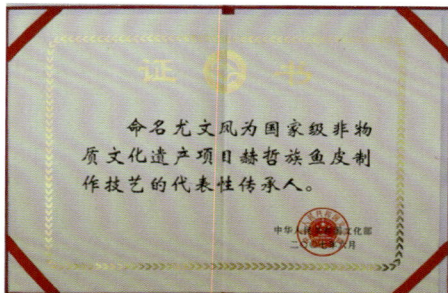

图4-1　国家级非遗项目代表性传承人证书

第一节　起源与发展

一、赫哲族鱼皮制作技艺的起源

赫哲族鱼皮制作技艺的起源可追溯到赫哲族的起源。据史料记载，赫哲族可追溯到6000多年前的密山新开流时期，商周时，居"不咸山（长白山）北""东滨大海"，北至黑龙江中下游。在先秦时称肃慎，汉魏时称挹娄，南北朝时称勿吉，隋唐时称黑水，元明清时称女真。"赫哲"这一名称的由来，最早出现在康熙年间的《清圣祖实录》上，据实录记载，是年"三月壬辰命四姓库里哈等地进贡貂皮，照赫哲等国例。在宁古塔收纳"。当时，清朝把分布于黑龙江、松花江、乌苏里江三江流域的土著居民称为"赫哲"[1]。目前赫哲族主要集中居住于三乡两村，即同江市街津口赫哲族乡、八岔赫哲族乡、双鸭山市饶河县四排赫哲族乡、佳木斯市敖其镇敖其赫哲族村、抚远市抓吉镇抓吉赫哲族村[2]。赫哲族是我国北方唯一以渔业为主的少数民族，历来过着渔猎生活，有食鱼肉穿鱼皮衣服的习惯。

二、赫哲族鱼皮制作技艺的发展

赫哲族鱼皮制作技艺的发展与赫哲族的历史一脉相承。黑龙江省民族博物馆里的资料显示，历史上也有其他国家的民众食鱼，穿鱼皮服饰，遗憾的是在兵荒马乱的年代都已失传，只有赫哲族将该技艺传承延续了下来。这离不开赫哲族人民的生活智慧、坚定信仰以及在苦难环境下艰苦卓绝的奋斗精神。由于疾病、战争等历史原因，赫哲族也曾一度濒临灭亡，鱼皮制作技艺也面临消失，在这种危急存亡的时刻，尤文凤女士的母亲尤翠玉老人（图4-2）将鱼皮制作技艺传承了下来，是挽救鱼皮制作技艺的主要人物。据史料记载，1941~1942年期间，

图4-2　尤翠玉

日伪满当局为防止赫哲人"通苏"或参加抗日联军，在"治安肃政""强化治安"的口号下，实行了"坚壁清野，集村并屯"的反动政策，强行把居住在混同江沿岸的237名赫哲人赶到距江岸40~50km的沼泽地中，即所谓的一、二、三部落。当时由于生存环境极其恶劣，加之疾病蔓延，这一过程中，有72人死亡[2]，新中国成立后，赫哲族仅剩了150多人，鱼皮服饰也随之迅速衰落，仅在这一百多赫哲人中留存。

据尤文凤女士介绍，当年赫哲人在被赶到一部落、二部落、三部落的过程中，由于遭受日本人的迫害，大部分人死亡，幸存下来的有一百多人，尤翠玉老人是其中之一，当年被赶到深山里后，仍然穿着自己制作的鱼皮衣服。在当时的形势下，眼看着整个民族就要灭亡了，鱼皮服饰也即将消失了，尤翠玉老人毅然决然又做起了鱼皮衣。新中国成立后，尤翠玉老人将赫哲族鱼皮制作技艺传承了下来，从旧社会带到了新社会，就这样，赫哲族鱼皮制作技艺在新时代有了延续与发展的基础。当今赫哲族鱼皮服装的款式就是由尤氏家族传承下来的，尤文凤的母亲、奶奶以及太奶奶都是精通赫哲族鱼皮制作技艺的能手。传承人尤文凤女士在八九岁的时候就跟着母亲尤翠玉老人学习赫哲族鱼皮服装的制作，随着技艺越来越娴熟，尤文凤女士也替母亲分担一些博物馆定做的鱼皮服装，如今，佳木斯、黑龙江以及北京等地方博物馆里保存的鱼皮衣服很大一部分出自尤翠玉和尤文凤之手。博物馆收藏也成了当代赫哲族鱼皮服装的首要归宿。

至于赫哲族人穿鱼皮衣服这件事是如何被发现并保护下来的，得从尤文凤女士的

二叔尤志贤说起，尤文风女士有四个叔叔，父亲叫尤志宾，尤志贤是其二叔，二叔家有个堂姐，在北京上了大学，上学期间便把赫哲族人有穿鱼皮服饰的习惯传播了出去，后来一传十、十传百，越来越多的人了解到了赫哲族鱼皮衣及其制作者尤翠玉老人，信息传到北京市的民族博物馆，博物馆便找到了尤翠玉老人，定做了一套鱼皮衣服。在尤翠玉老人制作鱼皮衣服期间，恰逢中央干部、少数民族民委调研56个民族的服装服饰，调研组调研赫哲族服装服饰时来到了街津口。当时尤翠玉老人缝制的鱼皮衣服还没有完工，到了缝合阶段，调研组各级领导看到鱼皮衣后惊叹不已，连声赞叹少数民族的智慧真是了不起，在物资极度匮乏的情况下，能开发出鱼皮来制作衣服，充分体现了赫哲人的生活智慧。调研组临走还不断叮嘱："一定要把这项技艺教授给儿女们，让更多的人学会，要让赫哲族制作鱼皮服装服饰的技艺延续传承下去。"

如今，随着国家大力提倡保护非物质文化遗产，赫哲族鱼皮制作技艺不仅被评选为国家级非物质文化遗产，而且得到了更有效的宣传和保护。尤文风说："每次参加展览，我们赫哲族的展厅里都人山人海，因为好多人没见过鱼皮服饰，往往从展会开始，我们就需要不断为大家介绍这项技艺，回答各种问题，虽然很累，但是心里感觉非常高兴，因为我们民族人少，宣传力度不大，多亏了国家，将我们的技艺进行了宣传，这样才有越来越多的人知道了赫哲族的鱼皮制作技艺，所以说，这项技艺留下来也很不容易。"尤文风女士的感慨让我们看到，在社会各界的共同努力下，赫哲族鱼皮制作技艺焕发出新的生命力，也让我们更加坚信，在新的历史时期，新的时代，赫哲族鱼皮制作技艺会更好地传承发展下去。

第二节　风俗趣事

一、多神崇拜的萨满文化 [3]

"萨满"一词源于通古斯语，意为"发狂的人"，这是因为萨满在施展法术之前会先进入一种癫狂的状态，之后才能顺利施法，故称为"发狂"。萨满文化是赫哲族的一种文化，一种原始宗教信仰，即多神崇拜。赫哲人认为万物皆神灵，在赫哲族人眼中，大自然中的山山水水、树木花草，说它是神，它就是神，"信啥就有啥"在赫哲族的萨满文化中得到了充分的体现。

传说中赫哲族共有96个神 [4]，一般以木头雕刻成的神偶的形式存在，目前黑龙江省民族博物馆定做了48个神偶，收藏于馆中。每个神都有各自的职能，掌管不同的领域。根据神偶的存在形式，可将赫哲人崇拜的神分为四大类。第一类是自然现象类，赫哲族人对自然现象是非常崇拜的，他们世代在黑龙江流域繁衍生息，过着自给自足的生活，必然要向自然界索取生活必需品。而赫哲人认为自然的力量是不可抗的，因此在遇到无法抗争的自然环境时，他们就依靠信仰神灵来求得心灵上的安慰，如天神、地神、日神、月神、风神、雨神、山神、河神、水神、火神、春夏秋冬四季神等。第二类是自然界生物类，这类神偶中有熊、鹿、虎、马等。因为狩猎是赫哲族的主要谋生手段之一，所以打猎时的举动都要听命于神，如司皮神专管猎皮之事等。第三类是祛病除灾类，对这类神的崇拜体现了赫哲人对消灾祛病的渴求，在遇到重大疾病无法医治时，只有依靠信仰疾病的神灵来帮助他们求得健康。第四类是辟邪佑福类，这是赫哲族对美好愿望的向往，祈愿神灵来保佑个人和家庭的平安，如房山神、辟邪神、吉星神等。

　　赫哲族人对神的崇拜体现在生活的方方面面，例如，赫哲人上山的时候就得拜山神，打渔的时候拜河神，祈求诸神保佑人们上山打猎或下河捕鱼时能一帆风顺，获得丰收。而萨满就是神的附体，赫哲人正是通过萨满来实现与神的交流沟通。据尤文凤女士介绍，随着社会的进步，这些充满迷信色彩的活动已经逐渐消失了，当地民间的萨满现在都是演员，主要以宣传赫哲族传统的萨满文化为主，真正的萨满已经没有了。

二、赫哲族的传统"年画"

　　赫哲族跟汉族一起过春节，过年时包鱼馅饺子、炒鱼毛、炸生鱼、吃冬鱼片、汆鱼丸等，都是以鱼为主，也有贴"年画"的习俗，当然了，"年画"也离不开鱼。早年间赫哲族人就通过镂刻鱼皮画来记录赫哲族的渔猎生活，表达情感（图4-3）。内容包括打猎、上山扛木头等日常生活画面，用鱼皮镂刻出来，贴在窗户上，就等于过年了，相当于汉族的年画。传统鱼皮画用大鱼皮做，过去没有布，也没有镜框，就把大鱼皮剪成小块，把赫哲族狩猎、捕鱼、讲故事、唱"依玛堪"等情形都用鱼皮做成画，其中最受赫哲人喜爱的画面是春天柳树发嫩芽、燕子归来的情形，赫哲族人小时候都喜欢做这种内容的画。每到春天，不管是汉族还是少数民族，大家都盼春，都是一样的心情，

图 4-3　鱼皮画

春天天气渐暖，万物复苏，东北地区气温也逐渐上升，人们便可走出屋外，生活也更加欢快。春天象征着希望，所以赫哲人每年都会做关于春天的鱼皮画，一到春天，就把它贴到窗户上、墙上。之前没有墙钉的时候，如何才能让鱼皮画贴在墙上呢？赫哲人非常聪明，折一些小柞树枝，因为柞树木材坚固，抗腐性强，然后将其削成钉状，用柞木钉把鱼皮画钉在墙上，由于过去的墙都是泥土做的，所以也很容易钉进去，这样鱼皮画就贴在墙上了。

第三节　制作材料与工具

赫哲族鱼皮制作技艺的主要材料是鱼皮，为了使鱼皮能够柔软，需要各种工具进行熟治，主要包括刀具、木铡、玉米面等，在鱼皮衣制作过程中独特的鱼皮条和线也是必不可少的部分。

一、鱼皮

鱼皮是制作赫哲族鱼皮衣的面料。赫哲族鱼皮制作技艺中鱼皮（图4-4和图4-5）的来源主要是大马哈鱼，又叫鲑鱼，成鱼身长约60 cm，重达10斤左右，属冷水性鱼类。白露这一天，是鲑鱼鱼汛的开始。鲑鱼的生活习性十分有趣，生于江河，长于海洋，是能够在淡水和海水两种水系中生存的鱼类。每年金秋时节，游憩在太平洋浩瀚海域的鲑鱼，纷纷集聚到鞑靼海峡，奋力回溯黑龙江，游程数千里，最后到达黑龙江中游，在乌苏里江砂砾河床排卵传代[6]。

图4-4　现扒的鱼皮

图4-5　熟治中的鱼皮

二、刀具

刀是用来扒鱼皮的工具。传统上赫哲族人扒鱼皮都用木刀，就地取材，一般由柞木削制而成，造型如弯月，一面薄一面厚，长约15 cm，刀刃比较钝，使用起来不易伤到鱼皮。随着社会工业的发展，铁制刀具逐渐走进赫哲人的生活中，也成为扒鱼皮过程中不可或缺的刀具（图4-6）。

图4-6　尤文凤之子付善勇演示扒鱼皮

三、木铡

木铡是用来熟治鱼皮的重要工具。鱼皮扒下来晾干后的质地非常硬，如同钢板一般，尚不能直接用来制作衣饰服装，需进一步的熟治使其柔软，此时便用到木铡（图4-7），赫哲族语言为"各几各（ge ji ge）"，木铡的主体部分由两部分组成，分别是底槽和铡刀，底槽用较粗的木料制成，中间挖空，两边挖锯齿状，铡刀也制成锯齿状，头部固定在底槽上，尾部有把，可以上下活动。

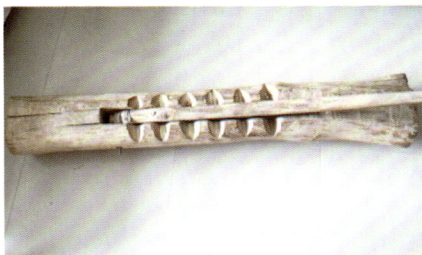

图4-7　木铡

四、玉米面

图4-8所示的盆中是玉米面，玉米面在赫哲族鱼皮制作技艺中的作用有两个，一是熟治鱼皮，二是清洁鱼皮衣服。熟治鱼皮的过程中使用玉米面来去除鱼皮中的油脂，只有将鱼皮中的油脂完全吸附干净，鱼皮才能够长时间保存，可保存百年不变质，但若有油脂残留，未剔除干净，则会生虫腐烂。

图4-8　玉米面

五、鱼皮条

鱼皮条是由鱼皮剪成的细条，作用类似布条，主要用来做盘扣，以及装饰细节等。图4-9所示为制作鱼皮现场。图4-10所示为用鱼皮做成的盘扣。

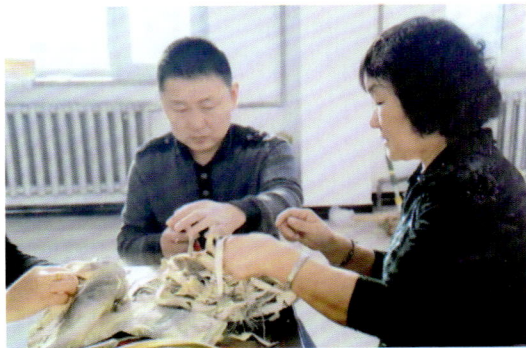

图4-9　尤文凤三儿子演示剪鱼皮条

图4-10　鱼皮条做成的盘扣

六、线

赫哲族人最原始的缝制鱼皮衣服的线主要是鱼皮线、狍子筋和鹿筋，做鱼皮线时先将鱼皮剥下来撑开晾干，切去四角不整齐的地方，在上面抹一层鱼肝油，使鱼皮潮湿后卷起来，用小木板紧紧摁住，用锋利的刀切成细线，线的一头要细一些以便穿针，再将其用野花染成各种颜色，就可以根据需要缝制衣服。用这几种"线"缝合鱼皮时，有种一物降一物的感觉，狍子筋和鹿筋能非常好地紧固住鱼皮，一般一针穿过去不用使劲儿拉就能很好地将鱼皮紧合起来，拆的时候也只能一针一针拆，否则拆不下来，但现在狍子和鹿都是保护动物，因此赫哲人便用棉线（图 4-11）来替代狍子筋和鹿筋等传统材料。用棉线缝合时，每穿一针都必须使劲儿拉紧，才能将鱼皮很好地缝合起来。

图 4-11　尤文凤的针线筐

第四节　制作工艺与技法

赫哲族鱼皮制作技艺的工艺流程主要包括捕鱼、扒鱼皮、晾鱼皮、压鱼皮、拼合、缝制六个主要环节（图 4-12）。

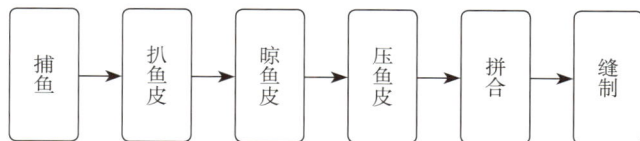

捕鱼 → 扒鱼皮 → 晾鱼皮 → 压鱼皮 → 拼合 → 缝制

图 4-12　赫哲族鱼皮制作技艺工艺流程

一、捕鱼

捕鱼是赫哲族鱼皮制作技艺的首要步骤，在以前，这是必不可少的一步。如今，市场经济发展催生出来大批的鱼市场和鱼皮市场，已经极大地方便了鱼皮制作者，捕鱼也不再是鱼皮制作者必经的步骤。

黑龙江大概有 70 多种鱼，其中适合做鱼皮衣的约有 10 多种，鱼皮衣制作所需要的鱼体型较大，体重要达到 10 斤左右，现在赫哲族鱼皮衣所用的鱼皮料主要来源于大马哈鱼，大马哈鱼属洄游鱼类。当地赫哲人打鱼地点一般在抚远一带。抚远市在赫哲语中的意思是"金色的鱼滩"，地处黑龙江、乌苏里江交汇的三角地带，东北两面与俄罗斯隔江相望。海口就在对面的俄罗斯，大马哈鱼每年从海洋洄游时经过此地，鱼群较多，因此赫哲人常去抚远打鱼。当地人都很清楚，要是在街津口打鱼，一年到头都打不上几条鱼，若是一条船一年能打到两三头鱼，那都算不小的收获了。每年的 9 月 20 日左右是大马哈鱼洄游的时期，也是捕捞大马哈鱼的渔期。

随着赫哲族鱼皮制作技艺的发展，当地已经出现了专业的鱼皮市场，专门经销晾好的鱼皮。这样做鱼皮衣时就可以直接从商贩处购买鱼皮，比起直接捕鱼更节省时间和精力，比起购买整鱼也能在总价格上更优惠，大概能便宜 2/3。鱼皮市场的发展为鱼皮手工艺者带来了福音。

二、扒鱼皮

捕鱼或者买鱼之后，就要扒鱼皮，一般刚捕获的鱼非常新鲜，扒鱼皮会顺利很多，若鱼不新鲜，鱼肉和鱼皮会粘连紧密，不容易将其分离，扒鱼皮就比较费劲，但这对鱼皮的质量没有影响。扒鱼皮的过程是先从背部和腹部两侧开刀，从鳃下划开至尾部，然后再从腮下开始向后剥，即可将鱼皮完整扒下，扒下鱼皮后再用刀具将鱼皮上连带的碎肉全部清理掉，扒鱼皮的过程即完成。

三、晾鱼皮

晾鱼皮指的是将扒下来的鱼皮贴到木板上晾干的过程。这一步骤紧接着上一道工序展开，鱼皮扒下来清理完连带的肉屑，再将其清洗干净，便可贴到木板上晾干，贴鱼皮的时候一定要注意将鱼皮贴平整，室温下一般经过一个晚上就能够将鱼皮晾干，鱼皮晾干后会变得非常硬，可如铁片一般，如图 4-13 所示。

图 4-13　晾鱼皮

四、压鱼皮

压鱼皮，也叫铡鱼皮、熟鱼皮。熟治好的鱼皮，其韧劲能达到牛皮的 2～3 倍，耐磨度、抗拉度都是普通皮料的好几倍。刚晾干的鱼皮都是非常硬的、板状的，要经过"压"的过程它才会变得柔软。

古老的压法，是用大鱼皮包住小鱼皮，因为过去没有什么东西可以用来包裹鱼皮，智慧的赫哲人便想到大鱼皮包小鱼皮的方法。具体做法是先放一层大鱼皮，在鱼皮内侧撒上玉米面，然后再放一层略小一点的鱼皮，再撒上玉米面，以此类推，一层鱼皮一层玉米面，鱼皮由大到小逐层叠放（图 4-14）。叠放好之后将全部鱼皮卷起呈长卷状（图 4-15），之后由两人合作，一人两手捏住鱼皮卷的两端将其放到木铡里，

图 4-14　叠放鱼皮

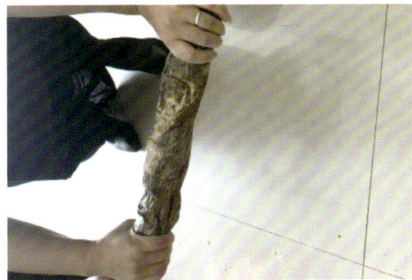

图 4-15　卷鱼皮

另外一个人双手握住木铡柄端，用力压下（图4-16），然后抬起，木铡抬起后握住鱼皮的一边再将鱼皮重新卷紧后放入木铡，然后再以同样的方式压下，越是硬的地方越要用力大一点，不断重复这个过程直到僵硬的鱼皮逐渐变软。压完之后打开鱼皮，里面的玉米面不用抖掉，再接着搓鱼皮（图4-17），做法是双手握住一块鱼皮，像搓洗衣服一样进行搓鱼皮，搓至起毛，这个步骤是更进一步将鱼皮上的油脂去除的过程。铡鱼皮是制作鱼皮衣整个流程中最耗费时间的一个过程，做一件鱼皮衣大概需要两个月左右的时间，其中，单纯压鱼皮这一过程就得持续近一个月。

图4-16　铡鱼皮

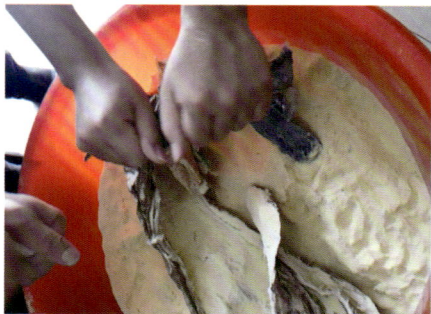

图4-17　搓鱼皮

五、拼合

　　由于鱼皮形状和面积的限制，熟治好的鱼皮还不能直接裁剪制衣，需要进一步拼合，拼合就是将小块鱼皮拼接成大块的鱼皮料的过程，但这不是简单的缝合，而是要根据鱼皮的天然颜色深浅、鱼鳞大小和纹路走向进行艺术性拼接，这样拼合成的整块鱼皮料具有天然的纹样，十分美观。

六、缝制

　　拼合后的鱼皮料便如普通面料一样可以直接用于做衣服，缝制就是将拼合好的大块鱼皮裁剪缝纫制成衣服的过程，一般缝制好整件衣服后，还会缝上赫哲族独特的花纹以作装饰，这样，一件鱼皮衣就做好了。图4-18所示为尤文凤教三个儿媳妇缝制鱼皮衣。

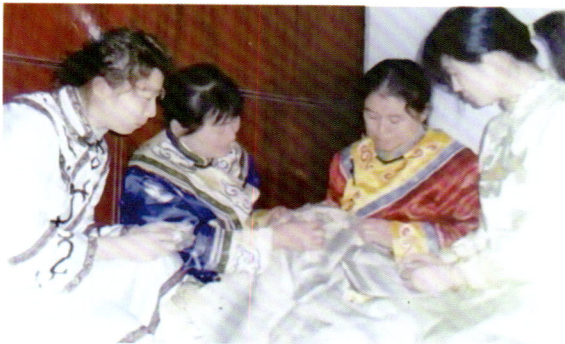

图4-18　缝制鱼皮衣

第五节　工艺特征与纹样

一、赫哲族鱼皮制作技艺是对服装面料的创新

服装面料的发展大致经历了树叶、兽皮、丝、麻、棉几个阶段，其中动物毛皮是人类最早使用的服装面料之一。赫哲族历史上便过着渔猎生活，少有农业活动，因此赫哲族服装面料也以动物毛皮为主，例如鹿、狍等。此外，赫哲人还利用渔业资源开发出鱼皮面料，鱼皮面料除了具有一般皮革制品共同的特性外，还具有耐磨耐拉扯，轻薄保暖等特性。这是对服装面料范围的进一步扩大，对纺织面料的研究具有重大意义。赫哲人多在夏天穿着鱼皮衣服以求其轻薄凉爽，冬季则里层先穿鱼皮套裤，外层加兽皮外套，以抵御冬季的寒冷。以鱼皮作为面料进行服装服饰的制作，使得赫哲族服装服饰独具特色，在少数民族服装中一枝独秀。

二、赫哲族鱼皮衣的图案纹样具有天然特色

赫哲族鱼皮服饰多用鱼皮条剪成花纹，具有天然色彩，别具一格。由于鱼皮面积的限制，赫哲人制作一件鱼皮服装，往往需要多张鱼皮，利用鱼类自身背部与腹部颜色的明暗变化，进行剪接拼合，制成的服装具有天然纹路，同时也具有对称风格。这种服饰图案装饰风格最大限度地发挥了天然材质的特性，是我国其他少数民族服饰中所不具备的。此外，赫哲族服饰上也有其他纹样作为装饰，这类纹样通常用鱼皮剪成后缝到相应的部位。传统的男士服装上一般剪 S 型花纹（图 4-19），女士服装上剪的花纹与男装有明显区别，种类也更为丰富多样，以云纹为主，也有鱼纹、水波纹、鹿角纹等动物纹样（图 4-20~图 4-22）。

图 4-19　S 型纹样	图 4-20　云纹	图 4-21　水波纹	图 4-22　鱼纹

三、用玉米面清洗鱼皮衣服

鱼皮服装由于制作面料特殊，清洗也有特定的方法。鱼皮衣穿脏之后不用水洗，也不用化学洗涤用品，而是用玉米面来清洗。具体做法也非常简单，直接将玉米面撒在鱼皮衣服沾染污渍的地方，用手搓洗，衣服上的污渍便可被玉米面吸附，之后将玉米面抖落，鱼皮衣服的清洗就完成了，用玉米面清洗后的鱼皮衣犹如翻新一般，洁净如初。

第六节　作品赏析

赫哲族鱼皮制作技艺的应用主要有鱼皮服饰、鱼皮画、鱼皮包和鱼皮小挂件。鱼皮服饰是赫哲族鱼皮制作技艺最原始也最广泛的应用，鱼皮画充分展示了赫哲族的书画艺术，鱼皮包是当下鱼皮面料的创新应用，鱼皮小挂件在过去主要用在鱼皮衣的装饰方面，现在主要作为手工艺品零售。

一、鱼皮服饰

鱼皮服饰是赫哲族的传统服装服饰，鱼皮衣的特点是轻巧、暖和、耐磨耐拉扯且不透水。款式方面受满族服饰影响较大，多为长衣服，与满族服饰类似。作为赫哲族日常服装，赫哲族鱼皮衣也在与时俱进，不断创新中。

（一）成人装

成人鱼皮衣以套装和长袍为主，男女式各有特色（图4-23～图4-25）。套装领型多以圆角立领为主，长袍多无领。开襟方式以右衽斜开襟和前开襟最常见。衣服边缘采用沿边设计，沿边讲究深浅对比，浅色地方用深色沿边，深色地方用白色沿边，通过对比来加强视觉效果。在袖口、领口、开襟两侧、后背以及衣服下摆常贴缝各式纹样，贴缝方式也处处体现着明暗对比和对称的特点。就套装来说，鱼皮上衣袖肥而略短，整体宽大，女士鱼皮衣款式似旗袍，有的还在衣服下摆部位缝贝壳、铜铃或璎珞珠之类的装饰品，以示别致美观。由于鱼皮衣天然良好的特性，冬季狩猎时穿鱼皮衣可耐磨、抗寒，春秋捕

图4-23　右衽开襟套装

鱼时穿可防水、护膝。据当地老人回忆，鱼皮衣有非常好的保暖效果，赫哲人冬天上山打猎时先穿鱼皮衣服，外面再套上狍皮衣裤，在一米深的雪地里躺着睡觉，一宿到天亮，猎人都满脸大汗。

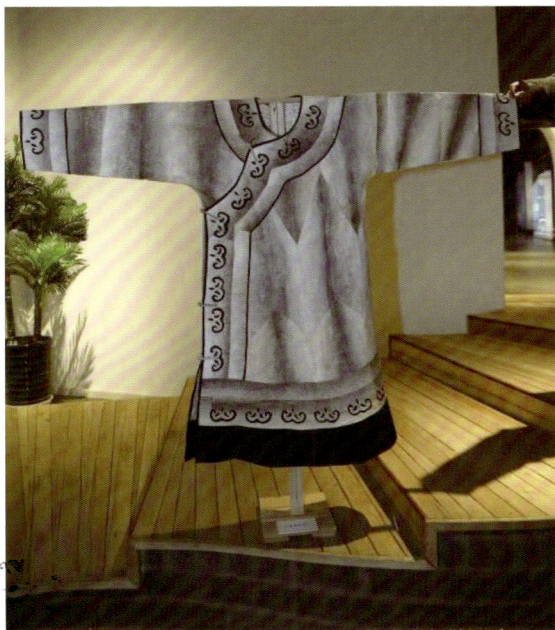

图 4-24　长袍

图 4-25　男女套装

（二）裙装

　　裙装多为女童装，如图 4-26 所示为赫哲族传统的套装女童连衣裙，整套裙装由三件衣服组成，分别为披肩、马甲和半身裙。披肩边缘装饰珠穗，为整套裙装增加了灵动感，马甲前后及半身裙腰部和下摆贴缝各种纹样，表达美好寓意。图 4-27 所示的连衣裙最大的特色在于用红色面料沿边，并且在腹部贴缝红色云纹，其余均用鱼皮制作而成，将传统与现代完美地结合起来。图 4-28 所示的半身裙在款式上与现在的 A 字裙差别不大，只是用传统的面料加以表现，更富特色。

图 4-26　连衣裙（一）

图 4-27　连衣裙（二）

图 4-28　半身裙

（三）童装

童装与成人装在款式方面基本没有差异，最大的区别只在于衣服上的纹样，男孩的帽子上会见到龙的纹样，一般在前面先缝一条龙，龙后面演变成一条鱼，一方面表示望子成龙，另一方面也表示赫哲族的渔猎生活。女孩子的服饰上多用鹿、狍子等动物纹样，因为鹿和狍子对赫哲族来说，就表示美丽的姑娘，寓意吉祥。如图4-29~图4-34所示均为童装。

图 4-29　右衽斜开襟童装正面

图 4-30　右衽斜开襟童装背面

图 4-31　前开襟童装正面

图 4-32　前开襟童装背面

图 4-33 男童装前开襟　　　图 4-34 女童装右衽斜开襟

二、鱼皮画

　　鱼皮画是赫哲族传统的年画，传统鱼皮画多用来表现赫哲族人民的日常生活，如狩猎、打鱼等。随着人民生活水平的提高，鱼皮画的内容也丰富起来，与时代发展有关的内容题材都能够得到充分的体现。本部分作品由高亚荣女士和黄远女士制作，二人是赫哲族鱼皮制作技艺国家级传承人尤文凤的徒弟，自拜师以来，潜心学习，对赫哲族鱼皮制作技艺的传承做出了努力。如图 4-35 所示为高亚荣女士的作品《花开富贵》，整幅画包含两个元素，即牡丹花和孔雀，象征平安富贵，其中孔雀的羽毛是制作难点，每一根羽毛都是用鱼皮剪出来的，再通过层层粘贴，最后得到栩栩如生的孔雀。如图 4-36 所示为黄远女士的作品《龙的传人》，用鱼皮来制龙，鱼皮的鳞纹更加真实地体现了龙鳞的形态，再用染色的鱼皮表达脸谱，体现了中华儿女都是龙的传人这一思想。

图 4-35 高亚荣作品《花开富贵》　　　图 4-36 黄远作品《龙的传人》

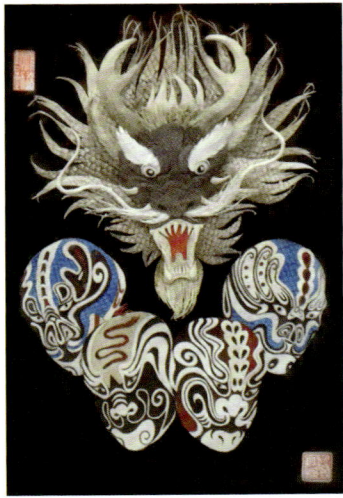

三、鱼皮包

鱼皮包是鱼皮面料的又一重要应用，在当代生活中有巨大的应用前景。赫哲族文化产业基地与LV首席设计师合作，将特殊的鱼皮面料与时尚的包体结合，设计出当下时尚的手提包，如图4-37~图4-40所示。此部分图片拍摄于赫哲族文化产业基地。

图 4-37　宝蓝色鱼皮手提包

图 4-38　棕色鱼皮包

图 4-39　鱼皮小挎包

图 4-40　鱼皮单肩包

四、小鱼工艺品

赫哲族人做小鱼挂件，都有一个与自然共生的信仰，在他们的生活中，不仅食鱼，还穿鱼皮衣，赫哲人的心里便觉得过意不去，于是就会做一点各式各样的小鱼，当工艺品售卖，就是希望这些小鱼能活过来。小鱼工艺品挂件如图4-41所示。

图 4-41　小鱼工艺品挂件

第七节　传承人专访

一、请问：您现在还在做鱼皮衣服吗？

　　尤文凤女士：我做的鱼皮衣服基本都是博物馆收藏的，日常生活中已经没有人穿了，所以现在有博物馆需要收藏的话，就来找我定做，我就会做，平时不会再做了，因为赫哲族鱼皮衣服不像普通服装一样能流水化生产，做一件出来需要很长时间。但最近这几年，也有商人会买。我做的赫哲族鱼皮衣服，女士的一件衣服售价 1.6 万元，男士的售价 1.8 万元，因为男士的衣服都要长一点，这就得多出来五六条鱼，所以就贵一点。

二、请问：你们当地有没有关于赫哲族鱼皮服装的展示交流活动？

　　尤文凤女士：我们会在乌日贡大会上交流学习，"乌日贡"赫哲语是"喜庆吉日"之意，赫哲族的乌日贡大会，之前每三年举行一次，1997 年开始，改为每四年举办一次，在当年的六月下旬。在节日当天，首先需要升香，之后点天灯，把各路神仙都召唤来，然后向他们汇报我们这几年的生活，之后大家便莺歌燕舞，这是大家交流鱼皮衣服的时候，比如我今年做的服装特别好，我拿来参加乌日供大会，三年之后我的技能提升了，做出了新的服饰，再拿来，所以说我们赫哲族鱼皮服饰每年都在发展，每年都在创新，每次拿出来的鱼皮衣都有变化，其他的赫哲族文化，像舞蹈、依马堪等，都是这样交流发展的，乌日贡大会为我们赫哲族提供了一个交流创新的平台。所以说我们赫哲族的服装是越来越好看的。但是送到博物馆的东西还是老样子，原先什么样现在还什么样，这是不能够随便改动的。平时做的服装还是一直处在创新之中，尽可能与当下市场潮流相符合。

三、请问：您在传承赫哲族鱼皮制作技艺的过程中，有没有进行创新？

　　尤文凤女士：我们赫哲族鱼皮制作技艺一直以来都是有创新的。这个鱼皮衣服出现在几千年以前，因为我们赫哲族过着渔猎生活，住在山脚，山下面就是河，这样的环境上山打猎也方便，下河打鱼也方便，要不是这样依山傍水的地方我们都不住，有山没水住不了，有水没山也住不了，山水养育了我们赫哲人。过去还没有衣服穿的时候，我们的老祖宗就把鱼皮扒下来晾干，然后用"空固"铡鱼皮，每次只能铡一张两张，耗时很长，后来就逐渐改进发明了木铡，木铡虽然有很多齿，但实际使用中并不是所有的齿都能用上，也就靠近人的方向上的两个齿能用上，但它还是最好用的，每次能铡六七张鱼皮，其他的齿就是为了让这个木铡看起来美观。现在压鱼皮的工具又有了一些改进，市场上出现了新的工具来代替传统的木铡，我家里就买了一个，但是压出来的效果没有传统方法压出来的好，还是传统的木铡压出来的鱼皮质量更好。

四、请问：当地政府针对赫哲族鱼皮制作技艺的保护出台了哪些政策措施？

尤文凤女士：首先是宣传，我们本地政府对赫哲族鱼皮制作技艺进行了大力的宣传，拍摄了宣传片，进行了新闻报道等。此外对传承人给予经济补贴，我是国家级的传承人，所以国家每年有 2 万元的补贴，对于我们传承人来说，不管国家政府有没有补助，也得努力去做，将非遗技艺延续下去，因为这是我们自己民族的事，不管多累多困难都是自己喜欢做的事。我也会担心鱼皮制作技艺传承不下去，因为我们民族本来人就少，现在考上大学的孩子的数量逐年在增加，家里人也多靠打鱼赚钱供孩子上学，做鱼皮衣服的人也越来越少。原因之一也是因为做鱼皮衣服，是从把鱼买回来那天开始，一直坚持做两个多月出成品后才结束这一流程，所以现在年轻人大都忙于赚钱供孩子上大学，望子成龙心切，没有时间和精力来做鱼皮衣服了。

五、请问：您是如何培养下一代传承人的？

尤文凤女士：主要是家族传承和收徒弟。家族传承现在传给我儿媳妇，我小儿媳妇是省级传承人，二儿媳妇做得也非常不错，跟我的水平都差不多了，我有三个儿媳妇，大儿媳妇做生意，没学，另外两个学得也都非常好。收徒弟也是一个很重要的传承途径，我现在收了六七个徒弟，其中两个是赫哲族的，其他是汉族的。当时收这几个汉族的徒弟，是看她们作画技术好，也非常喜欢鱼皮制作技艺，所以我就把她们收为我的徒弟，我想着，一旦她进入了赫哲族鱼皮制作技艺里头，她就是非赫哲族的赫哲人，都是能传承我们赫哲族鱼皮制作技艺的人，我的希望就是不管用什么方法，都得把这项技艺传承下去。这其中还有一位是哈尔滨残疾人基金会的，其实我也不认识她，她就是从网上找到我的信息然后来找我拜师学艺，我一听她的工作，就在想，如果残疾人能喜欢我们赫哲族鱼皮画，自己也可以做点鱼皮画，卖到国内国外也可以有一笔收入，以后就可以靠自己生活下去了，我就是为了支持她，也为了能让残疾人多个出路，才收她为徒。

此外也会办培训班，同江、街津口、八岔、抚远、瑶河这几个学习班就有 60 多个人，有的班有 10 多个人，有的班有 20 多个人，这些学员们也都学得非常认真。有时候也会被邀请去大学讲课，有一次在哈尔滨一个大学讲课，那是国家资助开办的一个培训班，招的学生也都是同江、八岔、抚远、瑶河这一带的，赫哲族的、汉族的都有，一个班就有 50 多个人，学生都非常爱听，也很喜欢动手做，去牡丹江大学讲课也是非常受欢迎。去年秋天，大概也是 8 月左右，在英国留学的中国各大城市的学生，在英国看到了鱼皮衣服，他们的英国老师带着他们来中国学习鱼皮衣的制作，在同江街津口待了半个月，我都教他们，毕竟还是中国的大学生，我的想法是我教他们手艺，他们毕业后要愿意做，那就是对这项技艺的传承，要是不愿意做，那也是了解了这项手艺。我刚开始教他们压鱼皮，这些学生一开始都非常开心，结果压了几天后对我说："老师，干这个可真累。"我就对他们说："这就是赫哲族鱼皮制作技艺，想学就准备好挨累。"

六、请问：您如何看待非物质文化遗产的创新？

尤文凤女士：现在我也希望做创新，就是做出符合当代人们审美的、实用的东西，这也是我们传统技艺的创新，我是非常支持这方面的创新的，我们自己也在努力去做。过去老祖宗留下的这个非遗技艺它的内容非常好，我们应当一代一代的传承延续下去，但对我们来说，不能一味地用老眼光看待问题，非得一直做过去的东西。过去几年搞科学研究，这也在改变鱼皮制作技艺，我们去过贵阳，去看少数民族的演出，回来我就在想，能不能把我们赫哲族鱼皮制作技艺也做一个"老技艺，新传承"？这是赫哲族鱼皮制作技艺以后的发展趋势。

第八节　传承现状与对策

一、传承现状

千百年来，赫哲族鱼皮制作技艺及鱼皮文化随着社会不断发展。19世纪末，鱼皮服饰在赫哲族人的日常生活中仍占有不可或缺的地位。清代末期，棉布已普及到东北的少数民族，鱼皮服饰的制作和使用日益减少。1934年，凌纯声出版《松花江下游的赫哲族》一书，书中记载："今日鱼皮衣服已不多见，惟鱼皮绑腿、鞋子、套裤及口袋等用之者尚多。"如今，经多年的民族融合以及生产关系的变革，赫哲族人由渔业转向农业，生产关系的变革就导致了人们的生活方式、生产技艺随之发生改变，赫哲族鱼皮制作技艺逐渐淡出生活，年轻一代对传统技艺越来越陌生。如剥鱼皮、熟鱼皮、剪裁、缝制这些制作鱼皮服饰的传统手艺也渐渐失传。如今，鱼皮服饰主要被收藏于国内外部分博物馆。赫哲族鱼皮制作技艺俨然成为亟待保护的民族文化遗产，主要存在以下传承困境。

1. 传承人群断层

随着社会的发展，纺织面料的普及以及赫哲族传统生活环境的变化，鱼皮服饰已经退出赫哲人的生活，赫哲族鱼皮制作技艺也随之被淡忘，如今，会这一技艺的赫哲人已经非常之少，且都是年龄比较大的老一辈赫哲人，青年一代对这一技艺没有建立起深厚的文化情感，愿意学习这一技艺的人非常少，赫哲族鱼皮制作技艺传承人群出现了断层。

2. 市场规模小

赫哲族鱼皮产品包括鱼皮衣服、鱼皮画和鱼皮包，有一定的市场，但均未形成规模，鱼皮服饰仅限于收藏品市场，鱼皮画和鱼皮包由于制作过程繁杂，价格较高，也未形成规模化生产。整体来看，赫哲族鱼皮制作技艺所附着的产品市场规模很小，有待进一步开发。

3. 文化流失严重

赫哲族鱼皮制作技艺作为国家级非物质文化遗产，除了独特的制作方法，其背后蕴含的文化体现了赫哲人的人生观、价值观与世界观，源于赫哲族人民传统的生活，具有独特的民族印记。如今生活方式的转变使得这一文化缺失了生长的土壤，逐渐失去活力，商业的发展更进一步冲击着传统鱼皮文化，使得赫哲族鱼皮制作技艺的文化价值严重流失。

二、对策建议

针对以上赫哲族鱼皮制作技艺传承过程中的困境，可从以下方面着手推进。

1. 开拓赫哲族鱼皮制品新用途，扩大鱼皮衍生品市场

赫哲族鱼皮服饰是赫哲族鱼皮制作技艺最原始也是最主要的用途，如今博物馆收藏几乎是唯一的市场，鱼皮画由传统的年画和窗花发展衍生而来，在今天依然焕发出生命力，成为当前赫哲鱼皮制品中最具发展前景的一部分。但由于宣传推广不足，鱼皮画市场仍然较小。在经济社会快速发展的 21 世纪，没有市场的产品，很快便会被遗忘。针对这一问题，应当推动鱼皮衍生品市场的发展，扩大鱼皮衍生品市场是推动赫哲族鱼皮制作技艺延续传承的可行途径，鱼皮制作的背包、手提包、帽子等衍生品，将是今后开拓市场的重点。此外，传承人尤文凤将鱼皮服饰穿到唱"依马堪"时所用的模具娃娃上（图 4-42），也赢得了一致好评。另外，鱼皮玩具也值得探索。

2. 建立非遗经纪人团队

赫哲族人数少，在传承非物质文化遗产的过程中略显困难。针对传承人数量方面的劣势，建议建立赫哲族鱼皮制作技艺经纪人团队，将赫哲族鱼皮制作技艺打包成一项业务，经纪人团队专职负责该项业务的运营，将其进行包装宣传，并向市场推广，传承人以及熟练掌握鱼皮制作技艺的人则负责生产鱼皮相关产品，传承鱼皮技艺，延续赫哲族鱼皮文化。这样能使传承人群把尽可能多的精力放在传承非遗技艺与文化上，也能使得市场效率提高，最后达到获得市场效益的同时更好地保存非遗的原真性的双赢效果。

3. 建立赫哲族鱼皮文化生态

文化生态一词泛指人类在社会历史实践中所创造的物质财富和精神财富的状况和环境。随着赫哲族渔业发展逐渐凋敝，赫哲族鱼皮制作技艺背后所蕴含的传统渔猎

图 4-42　穿鱼皮衣的娃娃

文化也呈断崖式跌落，整个文化生态也变得非常脆弱。而文化属于一个民族的核心和基础，是一个民族保持活力和持久力的重要源泉。因此，政府可以通过政策设计重建新时代赫哲族鱼皮文化，例如，规定在参加重大活动时穿鱼皮衣服；在传统节日中恢复传统习俗，鼓励民族文化交流等。

参考文献

［1］丛抒冰. 赫哲族鱼皮技艺及工艺品探究[J]. 佳木斯大学社会科学学报，2006（5）：93-94.

［2］赫哲族. https：//baike. baidu. com / item / 赫哲族 /158839?fr=aladdin.

［3］李成龙. 赫哲族多神崇拜中的萨满文化[J]. 艺术科技，2017，30（3）：31.

［4］贺春艳. 赫哲族人的万物有灵观：从馆藏的神偶看赫哲族的精神信仰[J]. 文物鉴定与鉴赏，2017（11）：50-52.

［5］张阳光. 三江流域的"捕鱼部落"（下）：赫哲人生活探秘[J]. 环境，2002（7）：36-37.

东北三省纺织类经典非物质文化遗产

第五章

蒙古族服饰

蒙古族服饰为吉林省省级非物质文化遗产项目，于2009年6月5日入选吉林省第二批省级非物质文化遗产名录（表5-1），名录类别为民俗节日。蒙古族服饰起源于吉林省前郭尔罗斯蒙古族自治县，"郭尔罗斯"源于蒙古部落名"豁罗剌斯"的译音，意为"江河"，前郭尔罗斯位于松花江南岸，故前郭尔罗斯蒙语意为"江南"，当地现有蒙古族7万余人，蒙古族服饰主要流传于当地蒙古族人群中。2011年，乌银女士（图5-1）被吉林省文化厅确定为蒙古族服饰传承人，2006年成立的乌银民族服饰有限公司，是吉林省文化厅指定的非物质文化遗产蒙古族服饰传承基地，也是东北电力大学艺术学院指定学生服装设计制作实习基地。乌银民族服饰有限公司生产加工的蒙古服饰既传承了传统蒙古族服饰的文化，又将现代设计融入蒙古袍之中，具有鲜明的地域特点、浓郁的民族特色和先进的时代特征，让蒙古族服饰走向了更多人的衣橱。

表5-1　蒙古族服饰

名录名称	蒙古族服饰
名录类别	民俗节日
名录级别	省级
申报地区或单位	吉林省松原市前郭县
代表性传承人	额鲁特·乌银

图5-1　蒙古族服饰传承人乌银

第一节　起源与发展

一、起源

　　郭尔罗斯蒙古族属于科尔沁部落，具有部落特点的蒙古族服饰的起源可追溯到清代。在历史上，郭尔罗斯是成吉思汗仲弟哈布图哈萨尔管辖的游牧区之一。1206年，成吉思汗统一了蒙古各部，中国北方地区第一次出现蒙古族，当时各部的蒙古袍具有相似的特征，元朝建立后，蒙古袍的制作技术、面料和款式也得到极大发展。1368年，元朝灭亡后，蒙古族又散落草原，由于明朝廷对草原的禁封，蒙古袍趋于简单、大方，部落服饰特点开始显现。清代时，朝廷对蒙古族"分而治之"，在保留蒙古游牧民族分封制的前提下，建立新的盟、旗制，主张旗与旗之间的服饰差异，这促进了蒙古族各部落形成不同的袍服，出现了科尔沁、察哈尔、布里亚特、巴尔虎等具有不同特点的部落服饰，至清代末期部落服饰特点基本定型。其中科尔沁部落服饰受满族服饰影响较大，融入了很多旗袍的特点，尤其是女袍更具旗袍的特色。这主要缘于清朝政府为稳固政权、强化对蒙古地区的统治而与科尔沁部落联姻[1]。郭尔罗斯蒙古族服饰在继承了科尔沁部落服饰特征的基础上，与当地人民的生活习性相融合，形成独有特色的蒙古族服饰。

103

二、发展

　　蒙古族服饰制作技艺发展到今天，可谓一波三折。

　　清朝时，郭尔罗斯地区生活的蒙古族人主要以百姓居多，少有达官贵族，当地蒙古族人民的穿着也只是简单的素袍子，款式非常简单，颜色也比较素雅。由于历史原因，郭尔罗斯前旗是内蒙古东部各旗中较早实行农耕开拓的地区之一，牧场变为耕地，游牧文化变为农耕文化这一进程较早完成。新中国成立后，蒙古族服饰赖以生存的自然环境、社会环境和文化环境逐渐消失，蒙古族服饰制作技艺也濒临失传，只有在当地蒙古族人最集中的查干花草原，才能偶尔看到蒙古袍的踪迹。如今，随着社会文化生活的发展，对非物质文化遗产以及民族文化的重视程度得到了极大的提高，蒙古族服饰又一次走入了大众的视野。

　　作为蒙古族服饰的省级传承人，乌银女士及其家人在推动蒙古族服饰的传承与发展中起到了中流砥柱的作用。乌银女士的姥姥、姥爷就是查干花草原土生土长的蒙古族人，乌银女士对蒙古袍的最初印象就是来自那一代人，在当时经济发展水平还比较低的时候，基本都是自己做蒙古袍，家庭传承是最重要的方式，姥姥便将蒙古族服饰制作技艺传授给了乌银的母亲其木格女士。其木格女士如今已84岁高龄，在她17岁时，便成了歌舞团一名专业的独唱演员，每次演出，都需要穿蒙古族服装，但离开农村后，定做蒙古族演出服装变得异常困难，由于蒙古族服装制作技艺的迅速消逝，当地几乎没有人穿蒙古袍也没有人制作蒙古袍了，所以，其木格女士演出需要的蒙古袍只能去北京定做，这一现象直接反映出蒙古袍失传的速度之快。"文革"时期，乌银女士的父亲苏赫巴鲁因为家庭历史问题被下放到查干花，其木格女士便被要求与苏赫巴鲁划清界限，否则就会被开除公职，尽管形势严峻，其木格女士毅然决然选择追随爱人下乡。于是苏赫巴鲁夫妇带着长女乌兰、次女乌银和乌银的同胞妹妹珊丹返回到农村。就这样，乌银女士一家又回到了一半花一半草的查干花草原。回到农村后，面对清苦的岁月和粗陋的衣食住行，其木格女士不得不捡起针线活，捡起上一辈传下来的蒙古族服饰制作技艺。因家里女儿多，其木格女士常年针线不断，家里的女孩儿十一二岁的时候也都要跟着母亲学做针线活，乌银女士就是在这样的情况下，跟着母亲学习做一些小物件、做鞋子、做棉衣，再到慢慢掌握了蒙古袍的制作技艺。在查干花草原的生活并没有一直持续下去，几年后，乌银女士一家重返松原市。松原1992年建市，城市历史短，经济发展缓慢，民族文化还没有得到恢复。在当时的城市生活中也已经不需要穿蒙古袍了，慢慢地，蒙古族服饰又一次被淡忘。如今，乌银女士能将蒙古族服饰再一次做起来，使其延续下来，与当地民族文化的复兴有着千丝万缕的联系。

民族文化复兴的背后，是一代人的努力。据乌银介绍，她能将蒙古族服饰当作一项事业做到现在，受阿汝汗书记和父亲的影响很大。阿汝汗在2005~2007年间任前郭县县委书记，在任期间致力于恢复当地的民俗文化，代表作有历史文献《松原文化述略》、歌曲《弘吉剌姑娘》《蒙古高原》等。父亲苏赫巴鲁也是一位热衷文化研究的学者，他一直在研究蒙古族的历史文化，挖掘了很多东西。正是在他们的努力下，郭尔罗斯地区的民族文化逐渐复苏，民族活动中对民众的要求也逐渐提高，作为非物质文化遗产的蒙古族服饰也呈现出新气象。

在这之前，仅在演员演出的时候才能看到蒙古袍的影子，也只有演员需要蒙古袍，其他民众都不再需要蒙古袍。针对这些问题，县政府出台了很多有利于民族文化传承的政策措施。为了保护传统蒙古族服饰，要求蒙古族人在各种重大场合，如参加两会、政协会、人大代表会等会议时以及在重要的节庆里都要穿着蒙古袍。

而乌银女士的家人大都从事文艺团体演员的工作，所以她们更需要蒙古袍，但是定做一件蒙古袍却不得不去内蒙古或者北京。出于为家人做蒙古袍的考虑，那时候正好在内蒙古工作的乌银女士萌生了再次捡起蒙古族服饰制作技艺的想法。乌银女士很快付诸行动，除了请教母亲，工作之余还经常出去学习，与当地蒙古族人交流探讨蒙古袍制作技艺。4年后再回到松原市，乌银女士的初衷也只是为家人做蒙古袍，但是真正做了之后，就会发现越来越多的人需要蒙古袍，所以在2006年，乌银女士成立了自己的工作室——乌银民族服饰工作室，专门进行蒙古族服饰的制作、销售与传承，这一做就是15年。这期间，乌银坚持不断地学习，将传统与现代结合起来，形成了具有时代特征的蒙古族服饰，取得了一定的成绩。其服饰作品曾获首届八省区蒙古族服装服饰大赛金奖，2016年受聘为东北电力大学吉林民族服饰研究所高级研究员（图5-2），2019年获东北电力大学"毕业设计优秀指导教师称号"（图5-3）。

图 5-2　东北电力大学聘书

图 5-3　毕业设计优秀指导教师证书

第二节　风俗趣事

蒙古族服饰是郭尔罗斯地区蒙古族人身份的象征，体现了当地人民对生活的热爱和对草原的崇拜。在民族融合的时代，蒙古族儿女通过在特定的场合穿蒙古袍来展现蒙古族文化，通过诗词歌赋表达对蒙古袍的情感。

一、一场婚礼带来的惊喜

乌银女士刚开始做起自己的蒙古族服饰工作室的时候，除了家人，其他顾客较少，生意并不是很红火。事情出现转机要归因于2007年的一场婚礼。当时，一对留学生新人准备在德国举行一场蒙古族传统婚礼，便来邀请乌银女士设计制作婚礼礼服。

郭尔罗斯地区的蒙古族婚礼服，以长袍为主，包括腰带、靴子和首饰等，这主要缘于蒙古族是一个马背上的民族，袍服便于骑马。因地区不同在式样上略有一些差异，在科尔沁部落，结婚时男士穿的袍子要佩戴蒙古刀、火镰、鼻烟壶等饰物，也挂烟荷包，穿的靴子都是软筒牛皮靴，长度到膝盖；女士多用红色和蓝色的布缠头。冬天结婚的时候和男士一样戴圆锥形帽子，也穿戴一些皮毛。因为科尔沁部落服饰受满族影响很大，结婚时，多数穿宽大的直筒及脚踝的长袍，两侧开衩，领口和袖口套色沿边。

当这对新人身着由乌银设计的蒙古族礼服亮相时，全场惊艳，乌银工作室的名气才在当地传开，订单接踵而至，生意日渐兴隆。如今，郭尔罗斯当地的蒙古族人结婚，艳丽的蒙古族服饰仍然是必不可少的部分。在《郭尔罗斯婚礼歌》第二场《迎亲歌》中，有一首《盛装歌》，淋漓尽致地表达了蒙古族婚礼中男士服饰的特点[2]："头戴着花翎红缨帽啊，身穿彩边挽袖的长袍。蹬上绣鹰长筒的靴子，丈二的带子，勒着腰。左边挎着一把哈特刀，右边系着美丽的荷包。后襟别着哈达和箭巾，箭壶装着吉祥的征兆……"

女士服饰中首饰是很重要的部分。《蒙古族婚礼歌》套曲第二首《姐妹的心》道出了新娘盛装的特点："插在你盘发之上的鲜花，一共九十九朵。那发箍之上的闪光珍珠，一共九十九颗。九十九条彩带，接在开满荷花的衣袖上。九十九只莲花，开在结满绿叶的衣襟上。那发箍之上的闪光珍珠，一共九十九颗，就是奔赴百天，也要陪着你，一路相送……"

二、为蒙古族服饰写诗

除了传承蒙古族服饰制作技艺，生于书香世家的乌银，受家庭影响，在文学创作上也颇有天赋，在《诗刊》《中国诗人》《诗选刊》《星星》《诗歌月刊》等刊物上多次发表诗歌，并出版了《查干湖的传说和郭尔罗斯史略》《乌银的长短句》等。为蒙古袍作诗也成了她表达对传统蒙古族服饰情感的方式，这首《任什么都不能够》向我们传达出乌银女士对蒙古袍的情感，当乌银女士从母亲手里接过嫁衣，便是向蒙古袍许了一生，任什么都不能够阻挡这一颗守护蒙古袍的心。

《任什么都不能够》

当我说爱，当我将自己交付与你，

当你接受。

这抖开的内心在你温存的注视下

闪动着怎么的柔美，就像当年

我的蒙古母亲亲手交给我

用七彩绫缎做成的幸福嫁衣

雕龙画凤，蜂蝶鸣哳

达子香和萨日朗此起彼伏

任什么都不能够

像我此时为你抖开的锦绣内心

三、"善意"的针法体现了蒙古族人的友好

　　蒙古袍在缝制的时候会用到一个特别的针法，叫倒钩针，针的方向是向里的而不是平直向外的，这和西藏地区的人们缝制服装的手法是一样的。"小时候我一直以为所有人都是这样缝的，长大后发现只有我们是这样缝的，我就问我父亲其中的缘由，父亲一直在研究蒙古族的风俗文化，他就告诉我说这是民族的一个智慧，因为针是利器，缝的时候怕扎着别人，所以要往里来，一方面是防止扎到别人，另一方面也是显示友好的一个方式，意思就是，宁肯伤自己，也不能伤别人，这种礼貌也体现在蒙古族人吃牛羊肉的时候拿刀的方式，均是朝向自己，是同样的道理"，乌银女士向我们说道。

第三节　制作材料与工具

　　蒙古族服饰包括帽、袍、靴和配饰四大部分，所用的材料和工具各有考究，现列举主要材料与工具如下：

一、面料

　　面料是蒙古袍制作中最基本的材料。传统蒙古袍所用的面料繁多，包括羊皮、貂皮、水獭皮、海狸、猞猁、银鼠、黑狐、白狐裘皮、织锦、丝绒、花缎、丝绸等，主要做御寒之用，不易清洗。而在当下，传统的蒙古族袍服的功能性不再是必选项，在乌银的工作室，新潮时尚面料最受欢迎，以绸缎、棉布（图5-4和图5-5）为主，这些面料主要靠外地采购。

图5-4　绸缎

图5-5　棉布袍

二、配饰材料

蒙古族服饰中包含大量的配饰，是蒙古族服饰的重要点缀，制作这些配饰的主要材料有金银、珍珠、玛瑙、珊瑚、松石、翡翠，其中珊瑚和松石的应用最广，常见的耳坠、戒指等一般都是由珊瑚、银、松石制作而成（图5-6）。

尽管蒙古族人民非常喜欢松石和珊瑚，但是由于科尔沁蒙古族部落聚集区地处平原，既不靠山，也不临海，所以当地并不产松石和珊瑚，这些材料均从外地采购回来。蒙古族人喜欢松石和珊瑚，因为松石是蓝色的，这在蒙古人心中被认为是最吉祥的颜色。而珊瑚则是一种战利品，象征着美丽、勇敢和坚贞。当年蒙古族人征战到海边时得到珊瑚，就将其作为战利品带回自己的家乡，从此，美丽的珊瑚就成了一种象征。至于银，北方的少数民族都喜欢银，相比于金，饰品大都喜欢用银镶嵌。

图5-6　帽子上的珊瑚珠串

三、剪刀、尺子、熨斗

这些工具与普通服装制作所需工具无异。图5-7所示为剪刀和尺子，图5-8所示为传承人乌银女士的工具盒。

图5-7　剪刀和尺子

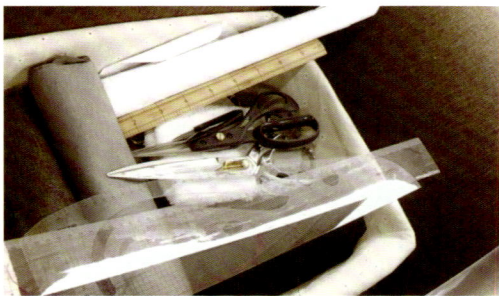

图5-8　乌银女士的工具盒

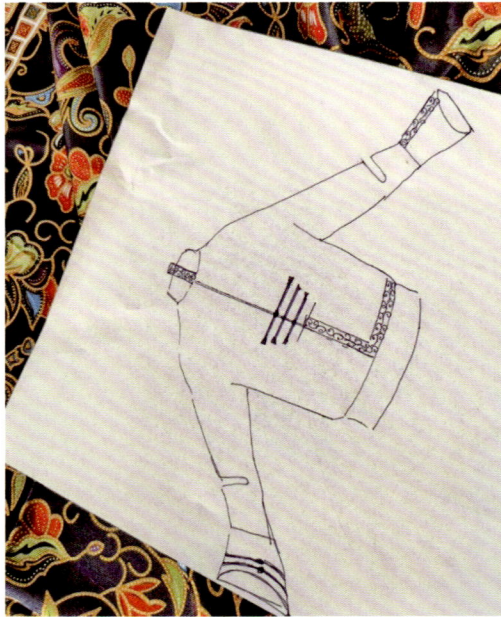

图5-9　画好的样板

第四节 制作工艺与技法

蒙古族服饰的制作过程，要经过打板、裁布、缝制、刺绣、穿珠编绳几个步骤。

一、打板裁布

该步骤即根据顾客的尺寸和定制要求，先将衣服的原型样板在布上画出来，再依照打板的形状将所需布料裁剪下来的过程。图5-9所示为画好的样板。

二、缝制

缝制是指将裁剪好的布料缝合起来的过程，同时也包括沿边等装饰物的缝制。传统蒙古袍均采用手工缝制（图5-10和图5-11），现在科技的发展解放了双手，缝纫机的出现使得批量生产成为可能，除一些细节的处理采用手工缝制外，其他均采用缝纫机。

图 5-10　工人缝盘扣

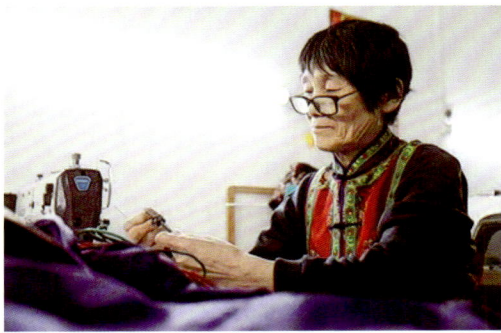

图 5-11　工人缝制蒙古袍

三、刺绣

科尔沁部落服饰突出的一大特点便是大面积刺绣，郭尔罗斯地区贵族较少，蒙古袍刺绣面积不多，主要在襟、袖的位置绣以各式纹样进行点缀。刺绣图案也多以花草虫鸟和民族信奉的图腾为主，且寓意深刻，杏花象征着早春，牡丹代表富贵快乐，葡萄纹是祝福事业有成、成果丰硕，卷草纹图案象征兴旺，梅花作为北方冬季开放的植物代表着高洁，有五福吉祥之意，盘肠纹图案象征着团结，团龙图案象征吉祥，火焰图案象征如意。蒙古族女子绣花时，一般不用绣架，而是直接将缎面拿在手上，进行刺绣，采用的针法主要有齐针、参差针、阶梯针和散针等。图5-12所示为乌银女士在刺绣。

图 5-12　乌银女士在刺绣

四、穿珠编绳

首饰是蒙古族服饰中的一部分，且以各种各样珠串居多，应用在簪子、帽子，额带、腰佩等方面。穿珠编绳是配饰制作的主要技法。图 5-13 和图 5-14 所示为应用穿珠编绳的帽子。

图 5-13　帽子上的珠串

图 5-14　红珊瑚珠帽子

第五节　工艺特征与纹样

一、水波纹元素象征着郭尔罗斯

因为郭尔罗斯是聚居在松花江边的蒙古族，所以当地蒙古族人民非常崇尚水，而"郭尔罗斯"的蒙文字母的开头也恰恰就像一个水波纹，蒙古族人说那个叫"水格"，水格图案逐渐成了郭尔罗斯蒙古族的象征，是当地最常用且最有特点的图形。因此在蒙古族服饰中经常会见到这个符号，据乌银介绍，在代表郭尔罗斯参加比赛、展览的时候均会用到这个图案。水格图案如图 5-15 所示。

图 5-15　水格

二、注重配饰艺术，彰显游牧民族的审美情趣

蒙古族非常重视服饰艺术，尤其是对头部的装饰，因为蒙古族认为头颅是一个人身体的代表部位，代表着尊严。最直观的体现便是蒙古族妇女的头饰，豪华的有金饰，重达几十斤，彰显了游牧民族的劳动特点、生活情感和审美情趣。此外，蒙古族女性穿袍，必须要有红色的珊瑚作配饰，珊瑚一般用白银来装饰，包括耳环、配饰、发簪，都会用到珊瑚和白银，这也反映出一个家庭的经济面貌和状况，一个家庭是否富裕都反映在蒙古族女性的头饰以及身上佩戴的饰品上。

三、靓丽的色彩反映了蒙古族人豁达的天性

蒙古族人民在色彩搭配方面特别大胆，小时候的乌银也常常好奇，为什么蒙古族的袍子那么鲜艳？乌银解释说："母亲说我们每天都在草原上玩，草原那么大，如果穿个灰色的衣服，都找不见我们了，所以就一定要让孩子们鲜艳一点。草原太辽阔了，人也很孤单，所以需要这些色彩鲜艳的东西，它可以调节单一视觉，从而抵抗疲惫的情绪。"这也充分反映了蒙古族人民天性开朗豁达，与自然和谐共生的乐观态度。

第六节 作品赏析

蒙古族服饰包括帽、袍、靴和配饰四部分，每一部分都有各自的特点，代表着蒙古民族的性情。

一、帽

蒙古族服饰中的帽子最突出的特点就是"高"。一方面，蒙古族帽子在古代是身份的象征，身份地位越高的人，所戴的帽子也越高，因此，蒙古族人都比较喜欢高高的帽子；另一方面，帽子摆放位置也要"高"，即帽子在摆放时要放在最高的位置，不能将其他衣物放在帽子之上。此外，蒙古族帽子还注重装饰，四周镶嵌玛瑙、松石，两侧挂珊瑚串是一顶蒙古族帽子的最通用装饰。如图5-16所示为蒙古族服饰传承人乌银女士设计的蒙古族盛装，盛装中的帽子为无檐设计，圆形帽加高高的花翎装尖顶，四周以及尖顶均由珠宝镶嵌装饰，两侧挂珠串。

根据是否立檐设计，可以将郭尔罗斯蒙古族的帽子分为无檐、半立檐和立檐，前两种多见于女士帽子，最后一种多见于男士帽子，如图5-17~图5-19所示为无檐女士帽，图5-20为半立檐女士帽。图5-21为锥形顶立檐男士蒙古帽，图5-22为圆顶半立檐男士帽，这两款男士蒙古族帽子顶端均设计盘扣结。

图 5-16　蒙古族盛装

图 5-17　红色镶宝石女士帽子

图 5-18 半立檐女帽

图 5-19　白色女帽

图 5-20　宝蓝色女帽

图 5-21 宝蓝色男帽

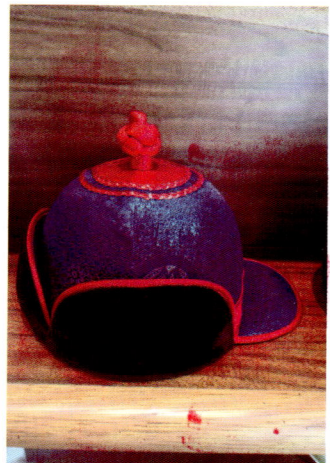

图 5-22　半立檐男帽

二、袍

  蒙古袍分男袍和女袍。由于蒙满联姻，女子服饰与满族旗袍略有相近。形制为圆角立领、弧形右衽斜襟，两边侧摆有明显的高开衩，女士袍子还有一些是前开襟的，男袍前开襟的比较少，传统的男士服装都是侧开襟，这是由于蒙古族历来就是马背上的民族，为了方便骑马射箭，蒙古袍都设计成下摆开襟。此外，蒙古族男士服装的扣子一般有9个，这是因为在蒙古族人眼中，"9"是最大的个位数，所以"9"是吉祥数字。现在的一些男士袍子也会有一些改变，比如袖子上可能会加扣子，但传统的男士蒙古袍就是9粒扣子。图5-23～图5-27所示为各式蒙古袍。

图 5-23　长马甲女袍

图 5-24　前开襟女袍

图 5-25　斜开襟女袍

图 5-26　女士蒙古风连衣裙

图 5-27　波点男袍

三、靴

　　蒙古靴的底一般都是毡、皮子之类的材料，鞋帮也多为皮料。靴子的制作都是纯手工的，没法机械化，做起来非常慢，所以现在已经很少人穿靴子了。夏天，传统蒙古靴的穿法是皮靴子里面还要穿一个毡的靴子，要将毡靴子套在里面。图 5-28 和图 5-29 所示为两款蒙古靴。

图 5-28　黑色蒙古靴

图 5-29　红色蒙古靴

四、配饰

蒙古族服饰包含多种配饰。簪子、额带、帽子上的珊瑚串、耳坠、项链、戒指、荷包、腰佩等均是蒙古袍不可缺少的部分，为蒙古袍增添了几分灵动之气。图5-30和图5-31所示的蒙古族帽子配饰中就包含珊瑚串以及额前部位镶嵌的松石，图5-32所示的蒙古帽额前的松石周围用银装饰，设计为团花状。

图 5-30　蒙古族帽子的配饰（蓝白色珠串）

图 5-31　蒙古族帽子的配饰（橘蓝色珠串）

图 5-32　蒙古族帽子的配饰（红绿色珠串）

第七节　传承人专访

　　蒙古族服饰作为吉林省省级非物质文化遗产，对丰富纺织类非物质文化遗产以及少数民族服装服饰具有重要意义。为进一步深入研究并继承和创新这一非物质文化遗产，此次调研专访了蒙古族服饰传承人乌银女士。

一、请问：像你们这一辈人，从小就生活在非遗的环境中，对非遗有着深厚的感情，但就我们自己来说，我们小时候已经很少接触非遗的东西了，所以长大后，我们的同龄人有很多很难理解非遗，甚至会觉得非遗的东西很土，您怎么看待这种现象？

　　乌银女士：这其实就是环境的影响，我们从小就耳濡目染，所以把这些东西当成了生活中的一部分，你们这一代小时候没见过，不理解其实很正常，但见得多了，就能理解了。就拿我自己的例子来说，我有一个女儿，她上艺术院校，很早就毕业了，是学音乐的，15岁的时候已经是一所公立学校的音乐老师，我做我的工作室的时候，她也有一些积蓄了，就自己办了一个服装店，当时主要定位于高端服装，那时她还不满20岁，自己跑去香港、深圳进货，有时候销售一件衣服就能赚上千元的利润，她当时对我做的蒙古族服装就很不看好，结果几年之后，她就撑不下去了，就倒闭了，但是我的工作室却在不知不觉中慢慢变得更好，变得越来越有味道了，她也觉得特别有趣，慢慢地，她就自己跟着去学，也能静下心来做一件蒙古袍，去车间跟工人交流，也有自己的想法，也能理解我们蒙古族服饰了。

二、请问：您做蒙古族服饰，遇到的困难主要在哪里？

　　乌银女士：现在存在的困难主要是没有人愿意再来持续做这件事，实际上我已经把它当作一个养家糊口的生意来做了，所以就我自己来说，实际上没有什么困难，做蒙古族服饰这么多年，我从来不给政府添麻烦，都是做最良心的加工。就目前我这边的情况来看，生存还是没有什么问题，但是如果有一天，我们这群人老了，做不动了，还会不会有人继续做，这是我觉得蒙古族服饰在传承过程中最大的困难，其中有一个原因我觉得就是现在的年轻人在这个时期、这个节点上，都还比较浮躁，但这种浮躁又是一个民族、一个国家在进步过程中一种挣扎的状态，实际上也是好事儿，因为挣扎就说明它是往前走的，当走到一定程度后，这个速度自然会稳下来，人也就沉淀了，就能够安下心来做一件事了。所以我还是非常有信心，我觉得传承非物质文化遗产这件事没什么问题，我就觉得我们这一代人都会是长寿的一代人，可以做到七十岁，甚至八十岁还在做，现在又开了自己的工作室，一切都还能持续下去。这一方面，我个人还是比较乐观。

另外，我们也受到网购的冲击，像我们做的演出服，每套售价至少都在600块钱以上，但淘宝上就有商家做那种非常粗糙，但价格很低，甚至只有几十块钱的演出服，我们就会遇到有人拿着淘宝上几十块钱的服装来找我们定做，我们只能说做不了，首先我们不会做那么粗糙的活，此外我们的成本高，所有的面料都是从外地采购而来，运输成本也不便宜，手工制作也无法跟流水线生产相比，所以这对我们来说都是考验。

三、请问：您在做蒙古族服饰的过程中进行了哪些创新？

乌银女士：其实现在所有做民族服饰的，都不是百分之百传统的样式了，随着社会的发展，民族服装服饰也在不断发展中，大家都能够采百家之长，比如看见谁家衣服的袖口很好看，可能回来就用到自己做的衣服上，再比如看到别人穿马甲很好，然后我们也拿来用，都多多少少融合了一些其他元素。传统科尔沁服饰最大的特色，是大面积手工刺绣的应用。它的款式受满族文化的影响很大，跟满族服饰很像，包括帽子。也穿马褂，也不用系腰带。但我们当地现在会手绣的人非常少，做蒙古袍的人都很少了，我们公司年龄最小的工人都50岁以上了，所以现在很多衣服上的纹样都是面料上的底纹或者采用电脑机绣，很少有手工刺绣了。

创新这一方面做得最多的可能就是款式和面料。现在创新的方向是做一些带有蒙古袍印记的日常一点的服装。我也经常学习一些服装设计的知识，将蒙古袍设计成现在生活中大家可以日常穿的款式。经过改良的蒙古袍，袍身变短了，直筒偏大襟，类似连衣裙的样式，腰带也换成了布的，能够束起来，大家就可以直接当连衣裙来穿，这种改良过的袍子在夏天很受欢迎，因为传统的蒙古袍没有夏装，夏天也得穿得很厚，改良之后就用比较轻薄的面料，适合夏天穿。而且现在用的面料是可以直接放到洗衣机里去洗的，传统的蒙古袍都是用缎子做的，很难清洗，一洗就破了，而我们现在做的时候主要选一些耐磨易清洗的面料，面料这块已经非常现代化了。

四、请问：什么时候订购蒙古袍的人比较多？

乌银女士：我们公司的销售量还可以，基本每天都有新的订单，一直都有客户，我们工作室现在一共8个人，常年都在做。就不算举办大型活动，单纯日常销售，平均每年也有六七千件，我们的工人常年都很忙，除了春节，我自己都没有放假的时候。在我们本地，现在很多场合都需要穿蒙古族服饰，只要是蒙古族人，基本都会来定做蒙古族袍。首先所有年轻人结婚都穿蒙古袍，这已经形成习惯了，如果新娘新郎不穿蒙古袍，他们自己就会觉得很对不起来参加婚礼的宾客，就会想自己是蒙古族人，为什么不穿蒙古袍结婚呢？还有小孩子们每年过生日的时候，很多人送小孩子的礼物都是一件蒙古袍。老人也穿蒙古袍，此外，参加大型会议或活动时，像政协会议、那达慕大会等，少数民族干部必须穿蒙古袍参加，现在日常生活中，也有很多人穿。所以，一直都有顾客。

五、请问：蒙古族不同部落之间的服饰有哪些差别？

乌银女士：其实都差不多，各个部落的蒙古族人都穿袍服。我们郭尔罗斯部落的服饰，可能在保留传统方面要更完整一点，实际上这是非常不容易的，主要是因为我们的地理位置，郭尔罗斯自治县就像一个孤岛在中间，周围没有挨着其他蒙古族聚集区，所以本地蒙古族的文化就被汉文化包围起来了，很早蒙古族人的生活习性就改变了，我们现在的生活方式和汉族是一样的，所以在这样的环境下，保留一些自己民族的东西，比如穿蒙古袍、喝奶茶、说蒙古族语言，是一件挺不容易的事。

六、请问：您是如何培养下一代传承人的？

乌银女士：首先就是家传，现在最小的传承人就是我家女儿了，她还是个音乐老师，还是歌舞团的马头琴手。我教她学习钉盘扣、裁剪、设计，以及刺绣，先从基础打起。其次，也通过招聘学徒来传承蒙古族服饰制作技艺，我们常年招聘，都是免费教学，实际上近六七年来，有不下10位大学生来学习，都是本地学生，学的专业也是服装设计或者相关的专业，毕业后回来，她们也了解国家对非遗的重视，就想过来学，但是最长的一个人坚持了两个月，最短的坚持做了几天就崩溃了。刚来都是从基础的缝纫做起，之后再慢慢学习设计，她们就觉得跟想象中的完全不一样，很枯燥。再想到可能两年之后才能自己做一件蒙古袍，也就不想坚持了，就走了。所以这种方式的效果不是很好。再次，也通过进校园讲课的方式培训，我们公司和东北电力大学有合作，有时候他们学校的学生就来这里看看民族工艺的做法，我也会带我们的工人去学校交流，我自己也还给学生讲课，包括民俗课和非遗课等。最后，还有一些其他途径的培训，例如到社区教授基础技法，我们会带一些面料，教社区里的孩子们做蒙古族的扣花枕头、小马甲、蒙古族绣花等。

七、请问：您参加高校举办的非遗传承人群研修班，有哪些收获？

乌银女士：我在上海参加过几期东华大学的非遗传承人群研修班，我觉得特别受益，尤其是对我们这种生活在比较偏僻的地方的人来说。来参加研修班的传承人都身怀绝技，每次都让我开眼界，长见识。我们都是比较保守的人，通过出去和大家交流学习，回来都会有一些新的想法，像我们今年和东北电力大学合作，参加北京大学生艺术节的服装就是在外出学习的时候受到了启发，得来的灵感。

八、请问：做蒙古袍的哪些材料需要去外地采购？

乌银女士：主要就是面料，像绸缎，还有比较现代一点的面料，我们本地都没有。据我了解，像我国的内蒙古和西藏地区以及蒙古国的蒙古族，他们用的绸缎都是有当地民族特色的底纹纹样在上面的，能在江浙一带定制，但我们就没有，因为我们这个城市很小，建市才25年，之前就是一个很小的民族自治县和另外两个县合并起来的一个城市，城市历史很短，经济也很落后，我们本地就没有做民族服装所需要的面料市场，也没有商店，所以到现在这些原料都还是从外地采购。而当地的交通也不发达，所以总体来说我们做蒙古袍的原材料来源非常受约束，主要还是靠自己出去外面选购。

九、请问：当地政府采取了哪些措施支持蒙古族服饰发展？

乌银女士：我们本地政府对非物质文化遗产的保护是非常重视的，采取了一系列帮扶措施。建立了非遗的孵化基地，就在法雅这一带。2018年4月，国家级、省级以及县级所有非遗项目全都搬到孵化基地，在这里，政府提供厂房和工作室，给我们的优惠政策就是房费全免，取暖费和物业费也都是政府支付，我们个人支付电费和水费。政府把这个地方租下来给这些非遗项目，一年的支出大概3千万左右。对我们的帮扶力度非常大。但是靠非遗能生存下来的人很少，能把非遗做成企业，能依靠这个养家糊口的人特别少，虽说当地有7万蒙古族人，但现在做蒙古袍的现在就我们一家。

第八节 传承现状与对策

一、传承现状

随着吉林省非物质文化遗产保护工作的推进，郭尔罗斯地区民族文化的发展，蒙古族服饰传承基地的建立，蒙古族服饰得到了有效的传承与保护，服饰文化认知度与市场受欢迎度日渐上升。但由于当地经济发展水平制约，蒙古族服饰的进一步传承与发展仍旧面临一系列问题，主要体现在以下三个方面：

1. 人才匮乏，传承人群培养困难

郭尔罗斯蒙古族服饰的制作过程烦琐，需要掌握设计、缝纫、刺绣、穿珠编绳等多项技艺，需要大量时间学习与练习，短期内很难得到直接的物质性回报。这是造成人才培养困难的最直接原因。一方面难以留住中年人才，使之继续从事这一行业，这部分人小时候经历过蒙古族服饰发展繁荣的时期，对其制作和穿着有一定的基础，大部分人都是随社会发展和生活习惯的改变而逐渐丢弃的；另一方面，难以

吸引年轻人投入蒙古族服饰的制作中，对年轻一代来说，物质回报显得尤为关键，没有足够财富激励行业往往不具备吸引力。

2. 生产企业数量少，规模小

郭尔罗斯地区虽是蒙古族人聚集区，但蒙古袍生产企业极少，且尚未形成大规模生产。据蒙古族服饰传承人介绍，当地蒙古族服装生产企业原来一共有3家，最近几年，穿蒙古袍的人越来越多，蒙古袍市场形势很好，其中一家企业就扩大生产规模，但是由于过于激进，没过多久就撑不住倒闭了，还有另外一家做了一段时间后便转型做秧歌服之类的了，不再生产蒙古袍，所以截至目前，只有乌银民族服饰有限公司一家企业仍然在专门生产经营蒙古族服装。

3. 原材料市场未打开，生产成本高

蒙古族服饰制作所需要的主要原材料为绸缎和棉布，但当地没有相关企业生产专门的面料，所以主要原材料基本全靠外地采购，上游原材料市场完全没有打开，再加上当地交通也不发达，运输成本较高，直接导致了生产成本的上升，从而制约着企业的生产经营。迫使蒙古族服装行业成为一个高成本、高风险的行业，降低了企业进入和扩大规模的可能性，不利于后续发展。

二、对策建议

传承优秀纺织类非物质文化遗产，保护少数民族服装服饰，创新发展蒙古族服饰，需要整个社会、政府、企业和相关个人的不懈努力与探索。针对蒙古族服饰传承与发展中遇到的以上问题，笔者认为，可以从挖掘中年手艺人，培养青年传承人；整合资源，建立线上销售平台；引导市场，完善产业链三个方面着手。

1. 挖掘中年手艺人，培养青年传承人

"人"是所有纺织类非物质文化遗产的灵魂，蒙古族服饰也不例外。蒙古族服饰传承与发展的背后，是一批传承人与手艺人的坚守。因此挖掘手艺人，培养传承人是首要工作，也是关键环节。首先，挖掘中年手艺人，对郭尔罗斯地区，尤其农村地区会做蒙古袍的人进行普查，并建立人才档案，为后续扶持企业做人才储备。这部分人一般都是中年及以上人群，所掌握的技艺大都是从上一辈老人手中传承下来的，基础扎实，容易上手。其次，培养青年传承人，目前蒙古族服饰对青年人才的吸引力远远不够，究其根本，短期报酬低是主要原因，因此，政府部门可以支持当地高职院校、技术院校等开设蒙古族服装相关专业，让青年一代通过学校的学习掌握技艺，毕业后直接就业时就不存在较长的学习期。此外，这类学校可引导支持蒙古族服饰纳入大学生创业项目，进而激励青年一代学习蒙古族服饰，传承非遗技艺。

2. 整合资源，建立线上销售平台

对于服装企业来说，线上销售一方面可以节约成本，另一方面也可扩大市场。但这件事不能完全放任市场去做，否则便会出现劣品驱逐良品的现象发生，给蒙古

族服饰发展带来负面冲击。笔者认为，政府应当牵头，推动建立蒙古族服饰线上销售平台，企业以实体公司的名称入驻线上平台，平台负责对入驻企业审查把关，对质量上乘的企业进行推广宣传，对质量低下的企业进行下线处理。同时相关企业可以在产品页面上传视频推广蒙古族服饰背后的文化，达到推广产品与传播文化双赢的效果。

3. 引导市场，完善产业链

蒙古族服饰面临的问题之一是市场发展不完善，上、下游企业发展不足，产业链未形成。因此，政府部门可从以下方面进行引导，第一，扶持上游生产企业发展，一方面可以通过优惠政策鼓励企业新建，另一方面还可以通过招商引资，吸引江浙一带纺织企业前来建厂。第二，引导下游生产经营企业扩大规模，首先可结合大众创业，引导创业企业向蒙古族服装服饰行业流动，对初创企业提供政策优惠，如税收等，鼓励企业新建。其次，充分利用人才档案，对企业发展中出现的问题提供技术指导。

参考文献

［1］成格尔. 科尔沁蒙古袍制作技艺与研究[J]. 大众文艺，2017（8）：98-99.

［2］郭尔罗斯蒙古族服饰特点[OL].[2012-3-23]. http://blog.sina.com.cn/s/blog_521311270102dzsx.html.

［3］孟和宝音. 郭尔罗斯前旗蒙地开放与抗垦斗争研究[J]. 阴山学刊，2011，24（3）：87-90.

［4］波·少布. 豁罗剌思部考述[J]. 内蒙古民族大学学报（社会科学版），2002（4）：20-24.

［5］乌兰. 浅谈科尔沁蒙古族服饰的保护与传承[J]. 内蒙古教育（职教版），2013（4）：71-72.

东北三省纺织类经典非物质文化遗产

第六章

满族旗袍传统工艺

吉林省吉林市当地有一门从古流传至今的传统手工手艺，就是满族旗袍传统工艺。满族旗袍传统工艺于2007年6月被收录进第二批吉林省非物质文化遗产名录，类别为传统手工技艺（表6-1和图6-1），2011年，刘淑芬被评为满族旗袍传统工艺的省级代表性传承人（图6-2）。作为满族旗袍传统工艺吉林省唯一的传承人，刘淑芬至今延续着清朝宫廷旗袍的手工缝制手艺。

表6-1 满族旗袍传统工艺简介

名录名称	满族旗袍传统工艺
名录类别	传统手工技艺
名录级别	省级
申报单位或地区	吉林省吉林市
省级传承代表人	刘淑芬

图6-1 吉林省省级非遗项目证书

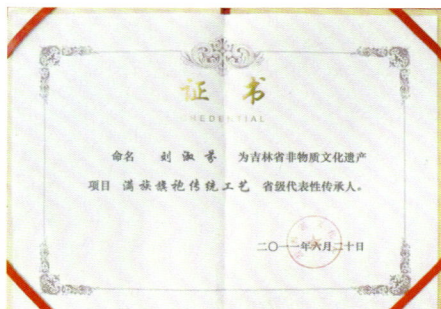

图6-2 吉林省省级非遗项目代表性传承人证书

第一节 起源与发展

《辞海》中有一段关于旗袍的定义，两边不开衩，袖长八寸至一尺，衣服边缘绣有彩绿。辛亥革命后，文化交融，汉族女子也开始穿改良后的旗袍，直领，右斜襟开中，紧腰身，衣长至膝下，两边开衩，袖口收小[1]。

一、满族旗袍传统工艺的起源

旗袍始于清朝。1616年，努尔哈赤统一部族，建立后金政权，推行八旗制度。1635年，皇太极废除旧族名"诸申"（女真），定为"满洲"。从此，满族的宗教信仰、语言文字、礼仪服饰也逐渐被带入中原。满族人称旗人，满族旗袍又是满族人民的传统服饰，所以就有了旗袍之称。

二、满族旗袍传统工艺的发展

努尔哈赤时期，衣饰毫无章法，有"上下同服"的情况。皇太极时期，衣服开始有了制作要求。入关之后，从皇帝到官兵的衣服，从春天到冬天，都有制作要求，任何人都不可以逾越规矩。至于没有官职的满族旗人，男子都穿袍服，用绸缎或者布料制作，外套是马褂，一直到辛亥革命时期。

1644年满族人进京后，满族原先的游猎文化与汉族的农耕文化相融合，清末期旗装特征也发生了改变：一寸多高的立领替代了原先的圆领，这种弧形领子就是后世俗称的旗袍领的鼻祖。四面开衩变为两侧开衩或不开衩，窄袖变为喇叭袖，袖头和披襟上加了几道鲜艳花边或彩色牙子，俗称"画道儿"或"狗牙儿"；做工日趋精巧，面料开始以棉布为主，丝绸也逐步盛行。

旗装作为八旗妇女的衣袍，在御寒保暖的同时，也是身份等级的象征。在当时，旗装是宫里的礼服，是在位者的专有之物，只有宫里的皇太后、妃子、格格及贴身丫鬟才能穿旗装，而宫中普通丫鬟、佣人只能穿戴短袄长裤。民间的普通百姓虽然没有等级之分，却有富贵贫贱的区别，中上等人家虽然款式简单，面料上却十分讲究。

20世纪30年代，满族男女都穿直筒式宽襟大袖的长袍。女子旗袍长至小腿，衣服上绣有花卉纹样。男子旗袍长度至脚踝，没有纹饰。40年代之后，满族男子旗袍已经废弃，女性旗袍变为窄袖、紧身、贴腰，臀部略大，下摆回收，长至脚踝。

"岩廊盛礼，衣冠为大"，满族旗袍具有浓厚的民族特色，是一种文化符号，传递着温婉大气、典雅端庄的气质。旗袍经历了近400年的发展演变，每一次演变都承载着时代的文化特质，不曾改变的只有内敛的东方文化特质。

清朝末年，刘淑芬女士的爷爷是在宫廷里为天家制作手工旗袍的，后来，刘女士的父亲继承了爷爷的这门手艺，刘女士家中有兄弟姐妹6人，只有刘女士选择继承这门古老的手艺，为此，她很是骄傲。刘女士的爷爷和父亲都用左手制作旗袍，刘女士也选择用左手制作满族旗袍。在刘女士小时候，她经常在一旁看父亲制作满族旗袍，慢慢就产生了兴趣，就开始跟在父亲身边学习。十六岁时，刘女士独立完成了自己的第一件作品，转眼间这么多年过去，刘女士一直坚持着用古老的满族旗袍传统工艺缝制满族旗袍。虽然刘女士没有做宣传，但她做旗袍的手艺早已名声在外，慕名而来的人很多。她的徒弟陈玉秋女士就是其中一个，陈玉秋女士是学服装设计专业的。1992年，陈玉秋女士在商场柜台中看到了一件做工考究的黑色旗袍，由此她对制作旗袍开始产生了浓厚的兴趣。经过打探，陈玉秋女士找到了黑色旗袍的制作人刘淑芬女士，从此，陈玉秋女士开始和刘淑芬女士学习旗袍制作。后来，陈玉秋女士进入了吉林市非物质文化遗产保护研究中心，继续为保护和传承满族旗袍传统工艺贡献力量。

第二节　风俗趣事

一、特色袖式"马蹄袖"

满族旗装的特色袖样被称为马蹄袖。清朝初期，满族男子旗装的袖口窄，有可露指的半圆形兽皮在袖子末端，形状和马蹄类似，故而有"马蹄袖"之称。这种袖子的优点是御寒，方便征战以及狩猎。

清朝中期以后，这种样式的服装不再是便服，而是用做礼服。便服大多做成平袖，礼服仍是马蹄袖。在行拜见礼时，要先把马蹄袖弹下，再行拜见礼，这种礼仪适用于正式场合以及拜见长辈时。满族女子的礼服也大多是马蹄袖式礼服。

二、女式旗鞋"马蹄底鞋"

满族的女士旗鞋被称为马蹄底鞋，别称寸子鞋（图6-3）。满族女子不需缠脚，鞋子脚心部位嵌上3寸左右的木头，因鞋底平面是马蹄形而得名。上年纪的和劳动的妇女一般穿以平木为底的平底绣花鞋，又称"网云子鞋"。

图6-3　马蹄底鞋

穿旗鞋走路，展现了女子昂首挺胸的身姿和腰肢摇曳的步态。贵族女子常常在鞋子上做一些装饰，例如点缀珠宝，在鞋头缀上璎珞。满族少女从十三四岁开始穿马蹄底鞋。

三、多样变化的满族女子发式

满族女子的发式随着年龄的增长，发式也随之而变。在少女时代，头发只需简单挽在脑后；到快出嫁时，要把头发梳成辫子并挽成单发髻；嫁为人妇时，有多种发式，如双髻式、单髻式。把头发从头顶分梳成前后两部分的发式叫作双髻式，前一部分呈平顶状，便于戴头冠，后部分呈燕尾状，伸展开，使得脖子要一直挺直。显然，满族女子梳这样的发式使得其显得更高贵。

光绪、宣统年间，满族贵族妇女最喜爱也最流行的发式是大拉翅。上面的头发梳成圆形发髻，后面呈现燕尾式；头板是用黑绒、缎或纱制成"不"字形；底部用铁丝制成扣碗状，叫作头座，扣在头顶发髻上，并用头发缠绕，使其固定；头板正中使用彩色大绢花，叫作头正，或在右侧插入彩色长丝穗，或者用玉簪、珠翠、步摇和鲜花等装饰。

第三节　制作材料与工具

满族旗袍传统工艺制作除了常见的几种材料与工具外，还有一件颇具历史意义的工具——刮浆刀。

一、布料

根据旗袍的各种用途，要裁剪适合的布料（图6-4）。在宴会这类正规场合中，要选用庄重的款式，高端的面料，例如色彩柔和、高级大气、稳重高雅的真丝和古香缎等面料，体现女性曲线美的同时更突出知性美。日常旗袍要简单、大方、舒适，要选用棉麻等材料。长者可以选用颜色较深的素色，年轻女性宜选用质地柔软，显得清新、俏丽的面料，体现青春靓丽、朝气蓬勃，如真丝印花绸、电力纺等面料，中年妇女会偏爱花型典雅、色彩鲜艳，常用古香缎、织锦缎等面料，彰显雍容华贵。

图 6-4　布料

二、绣花针

绣花针是旗袍制作工艺最常见的工具，用于缝制面料。如图6-5所示。

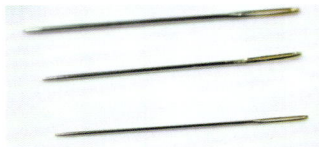

图 6-5　绣花针

三、绣线

绣线用于旗袍的缝合，绣线颜色的选择要依据旗袍的颜色来决定。如图6-6所示

图 6-6　绣线

四、刮浆刀

刮浆刀（图6-7）是手工裁缝必备的工具之一，有韧性，轻巧，不会生锈，不是传统意义上的刀具，无切割功能。蚕丝、绸缎等料子容易变形、起皱。在做衣服的过程中，为了让布料又平又挺，必须要刮上一层薄薄

图 6-7　刮浆刀

的糨糊。据悉，制作刮浆刀的原料是"响铜"。刘淑芬女士有一把上百年历史的刮浆刀。

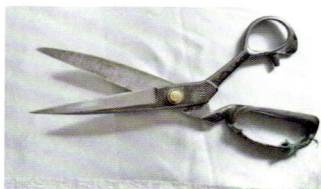

五、剪刀

剪用于裁剪布料，如图6-8所示。

六、缝纫机

缝纫机是常用的缝合机器，缝合的线迹整齐美观、平整牢固，缝纫速度快。满族旗袍大多是衣片之间的缝合，且需要手艺好，才能缝合出完美的旗袍。

第四节　制作工艺与技法

满族旗袍传统工艺工序复杂，主要工艺流程如图6-9所示。

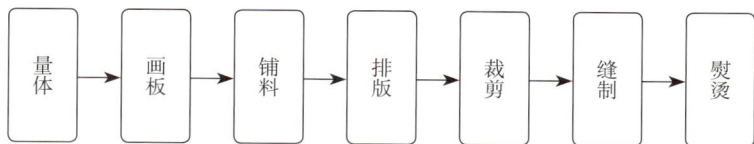

量体 → 画板 → 铺料 → 排版 → 裁剪 → 缝制 → 熨烫

图6-9　满族旗袍传统工艺流程

1. 量体

量体是指用卷尺量人体尺寸，记录数据，现在一般要量16个点位的数据。量体贯穿整个满族旗袍的制作过程，要注意以人为本，为了测量的准确性，可以适当地和顾客进行交谈，了解顾客的特征。在清朝，制作旗袍只需测量衣长和袖长，因为皇族的身体不能轻易触碰，更多的是对身份的定制。如图6-10所示。

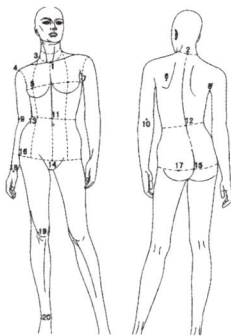

图6-10　量体

2. 画板

画板是指把量体的数据画在板上，画板时，先确定各个点位的位置，然后从上到下画板，可以用肥皂薄片画，或者铅笔，笔迹清晰。如图6-11所示。

3. 铺料

铺料是指把需要剪裁的面料平铺在工作台上，要注意面料的正反面，不能有交叠，最好是横铺，方便排版。

图6-11　画板

4. 排版

排版是指把样板放在铺好的面料上，把样板的前后中心线与面料的经向平行，可以用钉子定点。排版时，尽量沿面料的边缘排版，节省面料。如图6-12所示。

图6-12　排版

5. 裁剪

裁剪是指按照样板剪裁，不同的部位有不同的裁剪要求。如图6-13所示。

6. 缝制

缝制是指运用不同的工艺手法将旗袍缝合拼接，突出的工艺手法有镶、滚、嵌、盘等。缝合拼接完成后，可以进行一些装饰。缝制的过程十分复杂，这里不再一一赘述。

图6-13　裁剪

7. 熨烫

熨烫是指将旗袍熨烫平整，符合人体的体型特征。在熨烫前，要修剪线头，清洗污渍。熨烫时，选择合理的熨烫温度，最好在熨烫时盖布，避免直接熨烫。

第五节　工艺特征与纹样

一、工艺特征

旗袍是满族人的传统服装，有单、皮、棉和夹四种。传统的男式旗人之袍和女式旗人之袍称为旗装，是中国满族的传统服饰。旗袍的常见特征为：圆口领、向右侧捻襟、窄袖、束腰带、下摆四面开衩、带扣襻。袖口马蹄袖的面料大多是皮革。外出打猎时，可在前襟装入干粮等。

满族旗袍有两个突出的特点，一是没有领子，二是半月形袖头。努尔哈赤时期统一衣冠，制定衣冠制，只有入朝时穿的朝服可加上大领，形似披肩。半月形袖头也叫作马蹄袖，平时卷起来，冬天作战、打猎时放下，罩住手背，不仅保暖，而且不影响拉弓射箭，故又称为"箭袖"，满语"哇哈"。满族人进入中原之后，官员入朝拜见皇上时，要将马蹄袖弹下，再两手伏地跪拜，称为"放哇哈"，是清朝礼节的规定动作。

在旗袍的外面，有一件圆领短褂，袖长到肘部，衣长到肚脐。满族人了既方便骑射，又可以抵御风寒，将其套在旗袍外面，故而称为"马褂儿"。原先，马褂儿是八旗将士的军装；后来，也在民间流行，有了礼服和常服，款式面料也更加繁复。

马褂儿有多种款式，例如大襟、对襟、琵琶襟等。满族人喜爱穿的就是由马褂儿演变而来对襟小棉袄。

清代满族旗袍造型平直宽大，衣服全身覆盖不露身体，轻结构重装饰，是中国传统的平面十字结构。中国古时思想完美地体现在这样的结构中，举例来说，道家的天人合一以及儒家的中庸之道。直立式的宽襟大袖长袍，宽松自由，与中国的审美完全一致。

二、纹样

在清朝，满族旗袍的制作需要遵循严格的等级秩序，不同的装饰象征着不同的身份，旗袍彰显穿衣人的地位和财富，装饰的数量也要按照严格的等级秩序。清代朝服（图6-14）有严格划分朝臣等级的作用。顺治九年有一口谕，只要是有违禁的衣服，都不许放在家中留存，比如三色狐皮、三爪五爪绣样等。跨越品级的衣物，御赐可以穿戴，如不是，则不可以穿戴。

皇子的朝袍上绣有金黄色五爪龙纹；亲王世子以及郡王的则是蓝色、石青色（如赐可穿金黄）五爪龙纹；宗室贝勒以下至辅国公、和硕额驸，外臣公以下至文武四品官员朝袍只准使用蓝色或石青色四爪蟒纹（如赐可用五爪蟒缎）；文武五品至七品的官员的朝袍，不分冬夏，均绣有方形行蟒纹；文武八九品及未入流官员的朝袍仅用云缎，不加其他纹饰。

皇帝明黄色冬朝服　　帝王金黄色冬季朝　　官员蓝色冬季朝服
像（雍正）　　　　服像（怡亲王）　　　像（鳌拜）

图6-14　朝服样式

慈禧太后身边的首席御用女官德龄曾在书中描写到，清朝对于所有人的着装都有严格要求，并且被写进了法令。所有人都必须按照章程实施，不然就是抗旨不遵。例如，一年四季所穿的衣服要不同，而且每个季节有固定的花色以及衣服款式。图6-15和图6-16所示、为皇后冬夏朝服样式。

除了严格的服饰制度，在旗袍上的图案和装饰代表满族人的身份。清朝时期，社会以男性为尊，盛行男权主义。在这样的环境下，女性要遵守各项制度，不能随意表现自己，比如越是身份尊贵的女性，旗袍上的装饰越繁华贵气。图6-17所示为旗袍上的各种图案及装饰。

东北三省纺织类经典非物质文化遗产

可以说旗袍是满族文化里流传下来的宝藏，在样式上有着非常鲜明的特点，经过融合和一系列以现代女性为基础进行的改良，后来在近代更是中西文化揉合成为了具有中国女性服饰文化的象征。

图 6-15　皇后冬季朝服样式

图 6-16　皇后夏季朝服样式

图 6-17　旗袍上的图案与装饰

第六节 作品赏析

　　刘淑芬女士的作品一共有两大类，一类是用于展出的满族宫廷服饰，另一类是改良旗袍。

一、传统宫廷服饰
　　图6-18所示红色雕凤的满族旗袍是刘淑芬女士为上海世博会专门手工缝制的一件满族旗袍。这件旗袍工艺复杂，花费了刘淑芬女士几个月的时间。

二、改良旗袍
　　刘淑芬女士目前为客户制作的旗袍主要是这种改良旗袍（图6-19~图6-22），几天就可以制作出一件成品。改良旗袍更加能够勾勒出女性的曲线美。

图6-18　满族旗袍

图6-19　改良旗袍

图 6-20　旗袍样式（一）　　图 6-21　旗袍样式（二）　　图 6-22　旗袍样式（三）

第七节　传承人专访

一、请问，您是如何走上这条传承满族旗袍传统工艺之路的？

　　刘淑芬女士：我爷爷就是做旗袍的，过去一直给宫里做，那时候就是纯手工制作的。爷爷将这门手艺传给了我的父亲。我三岁起便看着父亲手工缝制的一件件精美旗袍，长大一点后越发对制作旗袍感兴趣，甚至很痴迷，父亲就将这门手艺传给了我，于是我十几岁时，便能独立完成宫廷旗袍制作。在我的"旗袍世界"里，每一件都是手工缝制的，越做越多，越做越好，越做越痴迷，我就这么一直做了下来。

二、请问，您制作的满族旗袍有什么改良和创新吗？

　　刘淑芬女士：1991年我父亲病逝后，我就继承了父亲的手艺与梦想，而且对旗袍的工艺进行一些改良和创新，不仅采用了新式的布料，在旗袍的腰线以及胸部也做了不同的处理，改良后的满族旗袍受到大家的喜爱，来找我做满族旗袍的人络绎不绝。

三、请问，您制作这些精美的满族旗袍，有什么秘密武器吗？

　　刘淑芬女士：正宗的清宫旗袍，从选料、下料到制作，每一道工序都很有讲究。每一件旗袍制作中，我都会使用一把铜制的有上百年历史的刮浆刀，这是我的一件"秘密武器"。传统的方法是使用刮糨糊的方式使旗袍边固定，这种方法现代已经很少有人使用了。在边缘处镶嵌彩牙儿或者花条，最完美的旗袍是要镶上18道衣边的。

四、请问，您有印象比较深刻的客人吗？

刘淑芬女士：一针一线缝制的古典满族旗袍，也引来许多外国人慕名求购。曾有两位美国老人专门找到我，一次做了上百件旗袍。她们给美国的家人做了很多旗袍，特意把家人的身材尺寸报给我，让我尽快给她们做完。平日我做一件旗袍，需要几天的时间，而为了完成两位美国老人的心愿，我日夜赶制，最终做完上百件旗袍，让两位老人满意归国。

五、请问，您现在有徒弟吗？他们学得如何？

刘淑芬女士：我现在只有两个徒弟，大徒弟陈玉秋也近40岁了，好在我的孙女现在也在跟我学习。2007年，满族旗袍制作工艺被列入吉林省非物质文化遗产，我成为这一项目的唯一传承人。这么多年来，我一直想多收几个徒弟，我唯一的要求就是他们要热爱满族旗袍。学作满族宫廷旗袍，是需要很好"眼力"的，因为一针一线的缝制是颇费眼力的。

六、请问，您心里对满族旗袍传统工艺未来发展的愿景是什么？

刘淑芬女士：制作这种传统满族旗袍的人，在全国已经寥寥无几。我不希望这门手艺失传，希望能有更多心灵心巧的年轻人将其传承下去。爷爷留下的手艺，不会在我这一代失传，我会将此技艺代代传承。

第八节　传承现状与对策

一、传承现状

满族旗袍在民间多以手工缝制为主，老艺人们或招徒弟，或子承父业，延续着满族旗袍制作的独特传统工艺。刘女士家传的手艺从来都是独一无二的，每一件手工缝制的满族旗袍都凝聚着我国古老传统文化的氤氲，那精致的细节，例如刺绣、贴边和盘扣，都让时尚界叹为观止。刘淑芬女士目前有自己的一家店铺，但是现在岁数偏高，刘淑芬女士的两个徒弟，大徒弟已经出师，二徒弟还在学习，且岁数都已偏高，她的孙女正在跟着她一起学习。

1. 传承匮乏

满族旗袍传统工艺面临的一个问题就是尚未有可持续发展的传承队伍。满族旗袍传统工艺依靠的就是缝纫的手艺。缝纫是一件手艺活，缝纫的手艺好，做出来的旗袍穿在身上就会舒适得体。目前，满族旗袍传统工艺面临的现状就是现在的传承人年龄偏高，后继的传承人匮乏，急需补充，且传承人对于产品的传承保护不到位，没有保存作品照片的习惯。满族旗袍传统工艺的非遗传习所设在传承人刘女士家中，对于更好地普及非遗知识，提高大众对非遗的认知和热爱以及大规模培训都有限制。

2. 资源缺乏有效整合

满族文化的资源十分丰富，缺乏的就是科学规划和整合性开发。一是相关资料未以书面形式进行保存。在网络上基本搜索不到满族旗袍传统工艺的相关资料，目前是依靠家族传承，若后继无人，这项非物质文化遗产就面临着消失的危险。此外，对此方面研究的人员较少，且有相同的非物质文化遗产与之相重合，不能突出其特色。二是整合力度不够，由于地域观念和思想的限制，各地区的非物质文化遗产资源还没有结合现代手段整合到一起，还在各自奋战。满族旗袍传统工艺只是一门单一的手艺，其核心就是剪裁缝合旗袍，在样式和花纹上受布料的制约，没有在凝固的艺术中展现精髓，因而，也就未能形成有形有神的满族旗袍。

3. 市场定位不准确

满族服饰品是伴随旅游及收藏市场的火热而逐渐被大众认知和喜欢的，因此以满族服饰为主要产品的生产者主要针对旅游及收藏群体。旅游市场上满族服饰琳琅满目，但制作工艺较粗糙，服装结构样式简单、千篇一律，在工艺上本应该是手工工艺，却往往被机械化生产所代替，如绲边等；而满族旗袍传统工艺却处处采用手工技艺，针对较高端的消费群体，价格较高，因此市场占有率不高。这就导致了两个较极端的现象：占据旅游市场的满族旗袍过于粗劣，精细的刺绣产品价格又过高，不能满足绝大多数消费者的消费需求。

二、传承对策

1. 完善传承保护机制

第一，建议寻求多方位传承渠道，形成稳定传承主体。非物质文化遗产的传统传承方式有个体传承以及群体传承这两种。在现代社会中依靠古时的传承方式是很难让传承维系的，所以必须要拓展渠道。一是可以通过社会教育和学校教育，使非物质文化遗产代表作的传承后继有人[3]。这一点，可以向宁古塔满绣学习，在学校中专门开辟了一间教室作为宁古塔满绣学习的地点，有固定的教师和上课时间，便于传承。满族旗袍传承人应寻找当地学校，与之合作，定期开展满族旗袍传统工艺的课程讲授。针对大中小学、技校等，采取不同措施。在小学阶段，是全面打基础的时期，可以把容易接受的非遗项目（满族旗袍传统工艺）引入课外活动课程，举办兴趣班或者体验课程，让学生走近传统文化；在中学阶段，可以编纂具有吉林省特色的非物质文化遗产满族旗袍传统工艺等读本，增添学生对传统文化的理解；在大学阶段，可以开设非遗公共课，成立学生社团，邀请传承人定期开展相关课程；在高职院校，人才培养更加注重实践性，通过实用技术的传授，培养高素质的劳动者，在职业技能人才培养和办学经验、场地等方面都具有诸多优势，为非遗在学校的传承提供了新的渠道，建议通过高职院校的教育方式和方法，开展满族旗袍传统工艺的传承培养。二是可以通过新媒体传播平台扩大影响。国家级非物质文化遗产泸州油纸伞技艺传承人余万伦就是一个很好的例子。受到现代工艺的冲击，泸州油纸伞销路一直不好。在他开通抖音号之后，销量激增，存货被卖光，订单也排到了明年。针对满族旗袍传统工艺的学习，可以建立一个满族旗袍传统工艺的展示平台。每天，传承人在上面分享展示满族旗袍制作过程，以及作品展示讲解等，感兴趣的学习者可以反复学习，线上提问。在学习者有了基础之后，可以举办线下交流活动，进一步让学习者感受到满族旗袍的魅力，激发其学习的兴趣。线上平台的宣传，可以让学习者不受时间地点限制，实现传播普及的目的，在更广泛的平台上吸引更多的人。

第二，完善传承人培养机制。经过调查发现，满族旗袍的传承人培养确实存在理论知识不足、实践交流机会较少的情况。基于此种情况，建议定期举办通识培训班，扩大受众覆盖面。不仅要加强宏观原理剖析和解读，还要针对满族旗袍传统工艺这一具体项目进行文化内涵发掘。完善培养机制，希望有助于传承人加深对非遗政策以及相关技艺与文化内涵的认识，增加对行业动态以及社会需求的理解，培养传承人的文化艺术修养和认知。

第三，建立传承人的社会保障体系。现代社会经济发展迅速，满族旗袍传统工艺失去了传承的环境，可能也不能依靠这项工艺获得生活来源，有的就不再坚守了。要知道制作一件传统意义上的满族旗袍需要花费几个月的时间，十分考验制作人的手艺，但是，在当今快速发展的社会，这样一件传统的满族旗袍也不适宜人们的日常着装。一是造价高，二是服装金贵，不适宜日常磨损。因此，建议政府对传承人的经费投入规划要按照非物质文化遗产项目的级别差异，最好既可以满足满族旗袍传统工艺的传承所需经费，还可以为传承人提供相应的生活津贴，解决生活难题。另外，可以统计传承人的医保、社保情况，针对传承人的情况设计适用的社保文件，对于特别困难的传承人有专项救助。

2. 整合利用有效资源

我国历史上，非物质文化遗产的传承大多都是上代传承人寻找下代传人，口传心授，非物质文化遗产缺少文字记载。满族旗袍传统工艺的传承人刘淑芬女士岁数很大，大徒弟也四十多岁了，因此，建议尽快整理相关内容，进行数字化保护工程。目前部分非遗的口述史研究已列入了社会科学发展规划之中，说明这是一种大趋势。建议吉林市政府应该考虑把满族旗袍传统工艺传承人口述史的收集整理纳入地方社科规划，支持相关学者对其进行采访，开展学术研究，为保护和传承满族旗袍传统工艺提供理论和技术支持。利用数字资源的优势，将满族旗袍传统工艺的相关资料进行数字识别、整理、保存和展示，通过现代技术手段，将满族旗袍传统工艺的内容在网上进行动态或三维虚拟展示，也可以把刘淑芬女士的采访视频及研究资料放入数字博物馆，扩大社会影响力和传播范围。

建议有效整合社会资源，建设综合性传承展示场所，开展技艺交流。对于吉林市而言，可以利用博物馆等文化设施开展相关活动，吸引群众；可以成立专门的满族非物质文化遗产展览馆或者传承基地，集合相关项目的传承人在传承基地规划的展区内进行项目展示和教学，让有兴趣的人可以一次性了解并学习到满族相关的非物质文化遗产，免于奔波，也让学习者有了学习研究的固定场所。同时，相关项目的传承人可以进行研修培训和交流，让传承人们可以有一个固定的交流场所；还可以邀请著名学者对传承人进行历史文化等相关培训，希望提高传承人的创新能力。此外，还可以定期邀请其他地区项目的传承人来交流展示，相互学习，完善自己的传承项目。

3. 打造品牌科学管理

进行明确的市场定位以及市场细分是打造一个品牌的前提。首先，要细化满族旗袍的消费人群，可以分为普通的消费人群、舞台服装（影视剧）的消费人群、旅游纪念的消费人群以及收藏的消费人群（博物馆或者个人）。面对普通的消费人群，满族旗袍要在款式、图案、功能等方面结合现代美学，传统与现代融合，设计鲜明的理念，同时借鉴有经验成衣品牌的技术与销售，二者互相学习，共同提升；面对舞台服装的消费人群，满族旗袍要更加注重遵循历史上满族各阶层的穿着打扮，更加注重旗袍的色彩及纹饰的多样性、传统性，可以和相关的演出单位，例如剧场、片场等，签订服装合同，制作满足需求单位要求的满族旗袍；面对旅游的消费人群，满族旗袍要展现传承特色，满足其文化追求；针对收藏的消费群体，这一群体是高端消费人群，对于满族旗袍的设计与制作必须要保证完整沿袭传统的满族旗袍的款式、设计以及制作工艺，展现满族传统文化的内涵。

市场细分是满族旗袍品牌能够占据广阔市场的前提，同时我们要采取有效的营销手段以及专业的人才管理，充分展示出满族旗袍的地域特色和民族风情。建议邀请满族的人大代表和政协委员穿着具有满族特色的满族旗袍参加全国各大会议，让他们作为满族形象的代表。尤其是女士的满族旗袍，要让其成为女性出席宴会的首选，走向世界。此外，满族旗袍品牌要联系传承实际，培养提高人员的专业素养，引进创造型与管理型人才，不仅要在原有传承的设计环节上体现创新，还要在生产制作环节中体现有序，在销售环节中提现现代运营手段。在打造满族旗袍品牌的同时，形成规模化的产业链，使民族文化特色产业更好地发展、传承下去。

参考文献

［1］侯霞. 旗袍造型变迁及其审美研究[J].轻纺工业与技术，2017，46（2）：38-41.

［2］夏丹琼. 当代旗袍结构与工艺研究[D].北京：北京服装学院，2018.

［3］王雪梅. 吉林市非物质文化遗产传承人的有效保护 [J].北华大学学报（社会科学版），2019，20（6）：43-49.

东北三省纺织类经典非物质文化遗产

第七章

凤城满族荷包

凤城满族荷包技艺起源于辽宁省丹东市。丹东市作为满族的主要聚居地，其制作和佩戴荷包的习俗可以追溯到清朝入关前后。作为满族传统的刺绣类民俗工艺品，凤城满族荷包承载着数千年来满族文化的深厚内涵，蕴含着丰富的满族文化基因，具有重要的历史价值、使用价值、艺术价值和文化价值。2007年凤城满族荷包被列为辽宁省第二批省级非物质文化遗产，名录类别为民间美术。技艺传承人黄家祥，凭借其多年来制作和推广凤城满族荷包的突出贡献，被评为该项目代表性传承人（表7-1）。黄家祥的荷包作品不仅继承了前人制作荷包的样式、制法和纹样，还创新性地加入了文化元素，将诗词、警句、歌词融入荷包制作中，提高了荷包的文化内涵，更加深刻地表达了荷包制作者寄托的浓浓情思。20世纪90年代至今，经过黄家祥先生的发掘、整理、继承和进一步开发，凤城满族荷包已经形成满族民间布艺、挂件等五大类二十多个品种，并多次荣获全国和省内民族民间工艺美术作品金奖、银奖和优秀奖。

表7-1　凤城满族荷包

名录名称	凤城满族荷包
名录类别	民间美术
名录级别	省级
申报单位或地区	辽宁省丹东市
传承代表人	黄家祥

第一节　起源与发展

一、凤城满族荷包的起源

荷包最早起源于春秋时期，最早出土的荷包实物见于长沙马王堆汉墓，辛追夫人手中拿着的就是荷包。很多文献资料里对荷包都有记载，比如《礼记》中提到"乃裹糇粮，如橐如囊"，橐和囊都是随身携带的盛东西用的口袋，大一些有底的叫作囊，小的没有底的叫作橐；屈原的《离骚》里："苏粪壤以充帏兮，谓申椒之不芳"；《孔雀东南飞》里："红罗覆斗帐，四角垂香囊"都是对不同种类荷包的描写。《红楼梦》第十七回"大观园试才题对联"中，贾宝玉因才思敏捷受到父亲称赞，高兴之余把林黛玉送他的荷包赠予小厮们，林黛玉得知后大为恼火，从而引发了一场趣事。

从这里可以看出，荷包已经成为人们传递情感、表达心意的重要纽带了。

荷包在满语里称为"法都"，最早使用兽皮缝制以做盛物之用，在《清宫遗闻》

里描述到："满族先民，肃慎人在野处山林，以渔猎为生时，常在腰间挂着以皮革缝制的皮囊，用以盛装食物，以供途中充饥之用"。后来逐渐被丝绸取代，而装饰也成为荷包的主要功能。

公元1644年清兵入关后，满族人取得了国家政权，处于社会上层地位，但其佩戴荷包的习俗并未因此消失，反而在与汉族文化不断融合的过程中变得更加精致。在汉族文化的熏染下，荷包的材质、纹样、技法都发生了很大改变。荷包面料改为布、绸、缎、丝，并辅之以花鸟鱼虫等刺绣纹样。随着荷包形式的改变，作为盛放食物的器具的实用功能逐渐消失，里面装的不再是充饥的食物，而是香料、散碎银两和一些小零食，作为配饰的审美功能逐渐显现。荷包也凭借其吉祥的寓意、考究的制作工艺和实用性成为满族人各种节日和喜事的馈赠佳品。宫廷也设立专门负责荷包制作的机构，每年承造若干荷包以备皇帝赏赐以示恩宠，满族荷包由此兴盛起来。

二、凤城满族荷包的发展

凤城满族荷包的代表性传承人黄家祥先生，非常偶然的机会才接触到了这一技艺。1993年，已近退休的黄家祥先生因病住院，病中阅读了大量有关满族历史、满族习俗的书籍，并由此对满族荷包产生了浓厚的兴趣。在查阅大量文献资料并请教了家中长辈以后，发现荷包具有非常高的艺术价值和美学价值，决定投入荷包的研究中。在此之前从未从事过任何与荷包有关的工作的他从最基础的工作做起——搜集和整理文献资料。从凤城图书馆到丹东图书馆再到首都图书馆，把能找到的有关荷包的所有资料都记录下来。同时，黄家祥先生还亲自进行实地调研，走访各类博物馆、古玩市场和高校，观察实物、请教专家学者。在这个过程中，他不仅加深了对凤城满族荷包的理解和继续传承下去的决心，也开始慢慢进行一些荷包的收藏和仿制工作。黄家祥先生的藏品主要为明清时期的荷包，特别是一些制作精良的达官显贵所用的荷包。藏品中，先生最得意的一款是用来盛放烟草的烟荷包，使用的是盘金压银的工艺，但令人遗憾的是，这种工艺在清代就已经失传了。对荷包有了初步的认识后，便开始学习如何制作荷包。于是他开始向母亲学习，黄先生的母亲在年轻时绣的荷包在乡里远近闻名，就在这种口传心授下黄家祥逐步掌握了针法、纹样、收口等技艺。

对于一个年过六旬的老人来说，从头开始学习制作荷包并不是一件简单的事。经过20多年的不断探索、挖掘和创新，黄家祥先生和其夫人任兆连女士的荷包制作技艺已经达到相当高的水平。其制作的荷包造型美观、做工精致、雅俗共赏，令人爱不释手，不仅得到业界的高度认可和广大艺术爱好者的一致赞誉，还获得了多项大奖和各类荣誉称号。例如，于2001年4月参加丹东市旅游商品设计大奖赛，荣获一等奖；同年8月参加辽宁省旅游纪念品设计大赛，荣获金奖；2002年4月参加中国首届旅游纪念品设计大赛，荣获银奖；同年6月被评为"辽宁省十佳旅游纪念品"；2007年凤城满族荷包被收录到辽宁省级非物质文化遗产名录；2008年8月被丹东市授予"我最喜爱的十大旅游商品"称号。凤城满族荷包传承人黄家祥先生于2007年2月被授予"丹东市十大民间艺术家"称号，同年7月被辽宁省文化厅授予"辽宁省优秀民间艺人"称号，2017年10月任大连艺术学院特聘专家。表7-2所示为黄家祥、任兆连所获各种奖项荣誉。

表7-2　黄家祥、任兆连所获奖项荣誉一览表

获得时间	颁奖单位	奖项说明	证书展示
2002年6月	辽宁省旅游局	辽宁省十佳旅游纪念品	
2007年6月	辽宁省文化厅	黄家祥被授予辽宁省优秀民间艺人（满族荷包）称号	
2008年8月	丹东市总工会 丹东市旅游局 丹东市商业局 日林建设集团 丹东广播电视报社 市旅游商品发展协会	满族荷包系列被授予"我最喜爱的十大旅游商品"称号	
2009年1月	丹东市文化局	黄家祥被命名为市级非物质文化遗产项目"凤城满族荷包"代表性传承人	

获得时间	颁奖单位	奖项说明	证书展示
2013 年 6 月	辽宁省经济和信息化委员会 辽宁省妇女联合会	授予任兆连同志为辽宁省女子优秀工艺美术工作者荣誉称号	
2015 年 12 月	辽宁省文化厅	黄家祥被命名为辽宁省非物质文化遗产项目"凤城满族荷包"代表性传承人	
2017 年 10 月	大连艺术学院	聘请黄家祥先生为 2017 年度国家艺术基金项目"满族民间手工艺创新人才培养"讲座专家	
2017 年 10 月	大连艺术学院	聘请黄家祥先生为大连艺术学院特聘专家	

第二节　风俗趣事

一、两段故事、一生情缘

黄家祥先生1947年参加中国人民解放军，跟随部队征战南北，1976年由部队转业到凤城县（现凤城市）政府机关工作。在30年的戎马生涯中，他一共收到过两个荷包。第一个是在解放大西南的时候，当地老百姓在慰问解放军时送给他的；还有一个是在抗美援朝战争时，作为志愿军出征朝鲜前，老百姓慰问时送的。这两个荷包都保存了很久，最后还是不幸遗失了，但正是这两段经历让老先生相信自己与荷包有一种神奇的缘分，才使得老先生于天命之年开始研究荷包，并且数十年如一日地坚持下来，方才汇集如此成就，让我们重新见识到满族荷包之美。

二、古今合璧，荷包创新

黄家祥先生虽然已经86岁高龄，但介绍荷包起源时仍能引经据典，从《辞源》到《诗经》，从《礼记》到《红楼梦》…在谈起荷包寓意时，晏殊的小词也是张口就来："一曲新词酒一杯，去年天气旧亭台。夕阳西下几时回？无可奈何花落去，似曾相识燕归来，小园香径独徘徊。"以词入荷包，用荷包上的刺绣解释词的含义。老先生认为引入文人的诗词文化对荷包发展的影响很大，提高了荷包的审美价值，影响了荷包审美风格的演变。诗词、书法与荷包结合，既是对中国古代传统文化的传承，又是在荷包发展上的创新。同时，黄家祥先生并没有故步自封，而是紧跟时代潮流，将一些时尚元素融入荷包制作中。例如，在展览期间，针对有游客提出的荷包内容晦涩难懂的问题，黄家祥先生就将一些群众喜闻乐见、耳熟能详的歌词和网络流行语绣入荷包中。同时，在一些重要节日如国庆、中秋等，他也会专门绣制一些荷包表达对国家和人民的祝福。

三、献礼国庆，抢滩世博

1999年9月，国庆50周年庆典准备工作在全国各地紧锣密鼓地进行着。黄家祥先生从报纸获悉辽宁省太平鼓舞表演团在京彩排，照片上的满族太平鼓舞风姿潇洒，但演员却没有佩戴满族服饰中最重要的饰物——香囊。他紧急向北京打电话，辗转多次后终于联系上了国庆周年联欢晚会的总导演，并表示愿意把自己制作的荷包无偿赠送给辽宁省太平鼓舞表演团。第二天，他又带上香荷包和相关满族服饰的资料亲自赶去北京向导演们介绍。导演们被他这种认真精神和一片热忱打动，决定为表演团增配香荷包。经过黄家祥先生的不懈努力，荷包终于出现在晚会表演的现场，使满族传统服饰更显柔美绚丽，起到了画龙点睛的效果。

2010年，黄家祥先生接到了参加上海世博会的通知，要求带上实物到现场展演制作过程。考虑到身体和年龄因素，家人原本不愿意老人参加世博会，但满族荷包作为丹东地区唯一一项参加上海世博会的民间手工技艺，黄家祥先生想借这次机会把满族荷包打入国际市场。在世博会上主要展演的是色彩艳丽的织锦缎荷包和别具特色的十二生肖荷包，表演制作过程主要是将荷包半成品做最后的收口，以便让更多的人直观地了解荷包制作工艺，小小的荷包在世博会上大放异彩。

第三节　制作材料与工具

制作凤城满族荷包的材料和工具主要包括：绣花针、剪刀、布绷、彩色丝线（或绒线）、绸缎（或其他布料）、棉絮、香料（或中草药）、配饰。

图 7-1　布绷

一、布绷

布绷是用来绷紧绣布的小工具，方便后期刺绣出平整美观的画面。通常在制作荷包过程中会根据幅面的大小选择相应的布绷。上绷是制作荷包工序中的重要工序，无论荷包制作技巧多么高深，如果布绷上的不好，制作出来的荷包的质量也不会高。图7-1所示为布绷。

二、彩色丝线或绒线

丝线或绒线一般用来缝制荷包，应根据画于面料上的图案纹样选择对应颜色的丝线。图7-2所示为各色丝线。

图 7-2　彩色丝线

三、棉絮

棉絮主要用于将粉碎后的香料或中草药包裹起来。图7-3所示为棉絮。

四、香料或中草药

荷包中填充香料或中草药，不仅取其香味芬芳而且

图 7-3　棉絮

可以达到驱除蚊蝇害虫和防病健身的效果。经过反复试验，最终选择一种来自瑶族山区的珍贵香草——灵香草。如图7-4所示。这种香草放入箱中可防蛀虫；又可做药用，具有散风寒、辟秽物的功效，可用于治疗感冒头痛、胸闷腹胀，是一种名贵的芳香植物。

图7-4　灵香草

五、配饰

民间所用荷包配饰一般为彩珠或者中国结，如图7-5和图7-6所示。

图7-5　彩珠

图7-6　中国结

第四节　制作工艺与技法

凤城满族荷包的工序并不复杂，主要靠手工制作完成，主要工艺流程见图7-7。

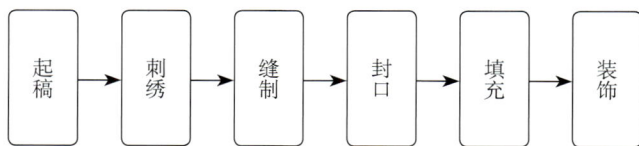

图7-7　凤城满族荷包主要工艺流程

一、起稿

起稿是指在裁剪之前需要先将所要制作的荷包的样式和形状打出样子，再以硬纸板的长度为标准裁剪绸缎。直径6 cm的心形荷包可以从1m的绸缎中裁出60多个，剩余的边角料还可以裁出20多个直径3 cm的小荷包。如果要在面料上刺绣图案，那么在用量板量好以后也可以先不裁剪下来，而是按照样板的尺寸先画下来，然后用布绷撑起来就可以在上面以手工刺绣了。如图7-8所示。

图7-8　起稿画样

二、刺绣

刺绣是指运用针线，按照设计好的纹样和图案在荷包囊面上进行绣制的过程。如图7-9所示。具体是将布料固定在布绷上，然后用彩色丝线或绒线进行刺绣，有的还用彩色绸缎裁剪成桃子、石榴、佛手等图案缝制在荷包表面，以达到立体浮雕效果。这种制作方法叫堆绫，也叫贴绣。至于刺绣时采用什么颜色的丝线，每种颜色的丝线绣在什么位置，需要按照画在纸上的彩色图样来选择。

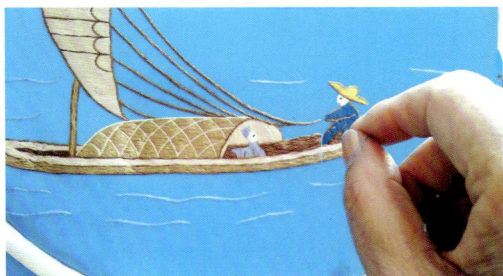

图 7-9　荷包刺绣

三、缝制

缝制是指根据事先设计的荷包造型进行裁剪后将荷包的两个单片缝合起来的过程，如图7-10所示。在缝合两块单片时，必须把尾坠盘肠逢进去，缝合后再翻转过来，尾坠盘肠就在荷包的下檐了。然后，在荷包的两肩嵌入肩穗，使得左右对称。

图 7-10　荷包缝制

四、封口

封口是指用针线把均匀折叠起来的荷包嘴穿起来，如图7-11所示。封口是制作荷包最主要的工序。在民间有"荷包好丑，全在封口"的说法。因为荷包是由前后两块布料分别折叠起来的，褶皱的数目必须相等，这样才整齐好看。在起针和收针处把两股线拴在一起，收口就完成了。为了使荷包嘴在封口时硬挺，便于折叠，并在折叠时不致因面料又松又软而松塌，还要在荷包嘴的内层贴上里子或者敷料，以便增加厚度。

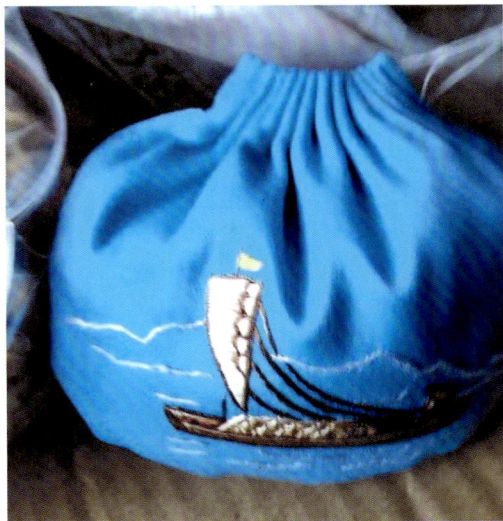

图 7-11　荷包封口

五、填充

填充是指将粉碎后的香料或中草药用棉絮裹起来装进荷包里。由于香料或中草药的气味会挥发，因此做好的荷包必须要用塑料袋封装起来。

六、装饰

装饰是指荷包的主体部分完成后，为了美观而配上的一些饰物。宫廷荷包一般配上珍珠、玛瑙、琥珀、玉石、流苏等装饰物件，使荷包看起来更加绚丽华贵。而民间荷包的饰物主要以中国结和彩珠等为主。如图7-12和图7-13所示。

图 7-12　编织流苏

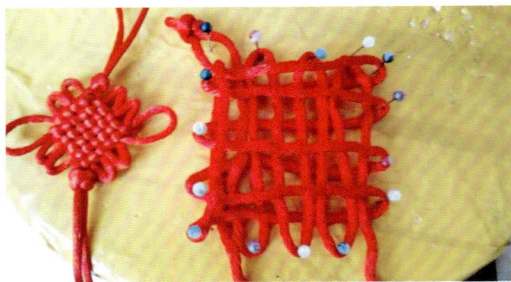

图 7-13　编织中国结

第五节　工艺特征与纹样

一、工艺特征

（一）图文并茂、艺术与实用互融共生

凤城满族荷包按照功能可以划分为烟荷包、香荷包、钱荷包、针线荷包、褡裢荷包等。烟荷包用来盛放烟草，香荷包用来盛放香料，钱荷包是用来装钞票和一些散碎银两，针线荷包用以放置针线，褡裢荷包放到马背上或搭在肩上。从荷包的分类就可以看出，荷包一开始是作为一种实用品供人们日常生活中使用，因此荷包的首要功能在于其实用功能。同时，清朝入关后，在汉文化的熏染下，意境深远、格调高雅的诗词、绘画、书法开始逐渐出现在荷包的囊面上，提高了荷包的文化内涵。荷包的正面用来刺绣纹样，背面刺绣文字，达到图文并茂的艺术效果。图7-14是传承人自己设计的一款荷包，荷包正面刺绣一只蝉趴在枝头，荷包背面刺绣唐朝诗人虞世南的《咏蝉》。整个荷包以正面色彩艳丽、形象生动的具象景物与内涵丰富、寓意深刻的唐诗结合，相得益彰，提高了荷包的艺术价值。

（二）意蕴深远，作品与情怀相辅相成

黄家祥先生在继承传统荷包制作工艺、技法和纹样的基础上，对荷包制作加以创新。这种创新不仅体

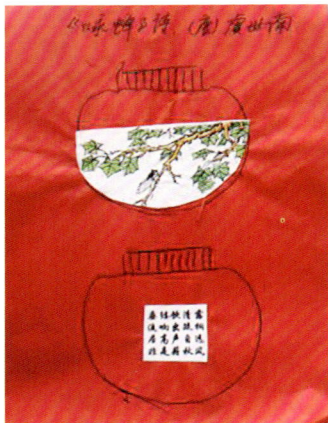

图 7-14　咏蝉

现在面料、香料、配饰等器件的选择上，更重要的是理念的创新，不因循守旧，顺应时代潮流，制作了一批弘扬社会正能量，表现家国情怀的优秀作品。

为庆祝新中国成立七十周年而专门设计的荷包，选用大红色面料，渲染一种热闹、红火的氛围，同时荷包与国旗同色，象征勇敢、真诚、热忱以及国家的兴旺发达（图7-15）。荷包的主体部分为一幅天安门城楼的刺绣，上方为数字70的字样并在0内绣有五星，寓意新中国成立70周年。下方绣有1949—2019字样。传承人以这种方式献礼新中国，表达了对伟大祖国的深沉的爱。除了表现爱国情怀，传承人还设计了一批表达积极人生态度的荷包。如"夕阳无限好"（图7-16）和"老牛自知夕阳晚，不用扬鞭自奋蹄"（图7-17），表达了一种不服老、继续努力奋斗的人生态度。有的荷包将流行歌词与荷包结合（图7-18），不仅讴歌爱情，而且迎合了年轻人的喜好，做到老少皆宜。

图7-15　新中国成立70周年

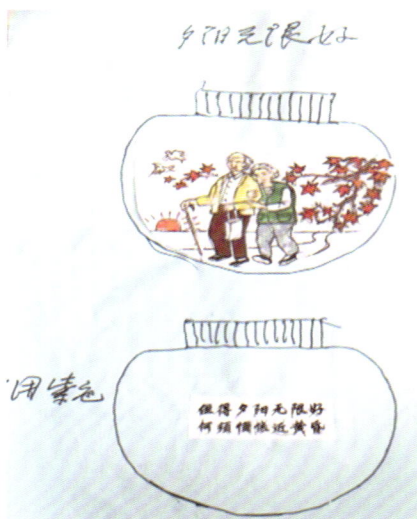

图7-16　夕阳无限好

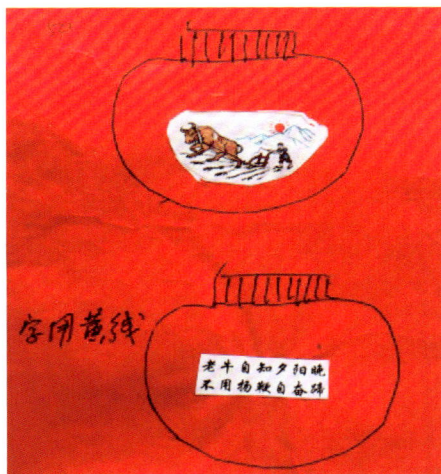

图7-17　老牛自知夕阳晚，不用扬鞭自奋蹄

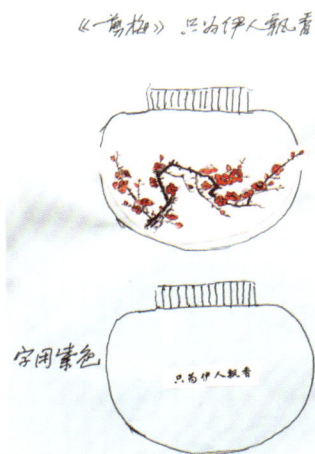

图7-18　一剪梅

二、纹样

凤城满族荷包的纹样主要有植物、动物和吉祥用语等。植物纹样主要包括松柏（长寿）、仙桃（长寿）、柿子（万事如意）、牡丹（富贵吉祥）、并蒂莲（夫妻恩爱）、葫芦（多子多福、福泽绵长）、石榴（多子多孙）等。动物纹样主要包括龙凤（吉祥喜庆）、仙鹤（长寿）、双燕（夫妻恩爱）、鲤鱼（生活富贵、子孙成才）、马、鹿（长寿、福禄）、蝴蝶（长寿、多子多福）、喜鹊（吉祥喜庆）等。吉祥用语主要包括长命百岁、富贵有余、百年好合、白头偕老、四季平安等。

这些动植物常以固定组合的形式出现，通过谐音、双关、隐喻、象征等表现手法突出主题。如连（莲）生贵子、连（莲）年有余（鱼）、万事（柿）如意、喜（喜鹊）上眉（梅）梢、三阳（羊）开泰、马（马）上封侯（猴）、鱼戏莲和蝶恋花（隐喻男女之爱）等。这些组合因在民间世代传承，已经具备约定俗成性，演变为一种民间特有的吉祥词汇。以下介绍几种常用纹饰。

1. 鸳鸯

鸳鸯因其形影不离、同飞同游、栖息时联谊交颈而眠，自古以来就作为吉祥物象征夫妇和睦、忠贞不渝。以鸳鸯为主题的绣品多出现在同爱情婚姻有关的物品上，多用于定情之物或是妻子送给丈夫佩戴的物品上，以表达夫妻美满、白头偕老的意思。鸳鸯与莲花组合的纹样为"鸳鸯贵子"，鸳鸯配上长春花即为"鸳鸯长乐"或"鸳鸯长安"，鸳鸯在荷池中嬉戏被称为"鸳鸯戏荷"。图7-19和图7-20所示为各种鸳鸯图案的作品。

图 7-19　鸳鸯戏水　　　　　　　　图 7-20　鸳鸯长安

2. 牡丹

古人说：牡丹，花之富贵者也。牡丹又素有"花王"之称："唯有牡丹真国色，花开时节动京城。"牡丹不但有很高的欣赏价值，而且有很深的吉祥寓意，是富贵、吉祥、美好和荣誉的代名词。黄家祥先生创作的一套以牡丹为主题的荷包（图7-21～7-24），其上刺绣牡丹和芙蓉，表示"富贵长春"；与海棠组合表示"光耀门庭"；与水仙组合表示"神仙富贵"；百花之王的牡丹与百鸟之王的凤凰组合的纹样"凤戏牡丹"更是表现富贵吉祥的极致。

图 7-21　牡丹

图 7-22　花开富贵

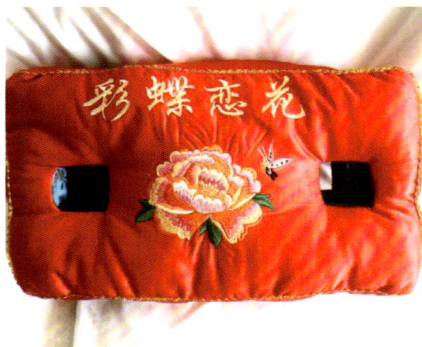

图 7-23　彩蝶恋花

图 7-24　鸳鸯牡丹

3. 龙

在我国，龙以其至高无上、全威全能的形象成为封建社会最高统治者的专用图腾。在我国民间美术中，龙的形象造型大同小异。按照造型特点分，云缠雾绕的是云龙，四肢飞奔的是行龙，腾空而起的是飞龙，盘成圆形的叫团龙，头上尾下的叫升龙。而荷包中刺绣的龙由于可供使用的面积很小，龙的形象也往往被简化了，重点突出头和尾。荷包的图样往往借鉴了古代铜镜中的龙纹图样和建筑彩绘中的"龙凤呈祥"的样式，呈现圆形。满族八旗标识是黄家祥先生创作的一套以满族八旗为主题的纹样（图7-25～图7-27）。大型荷包刺绣龙的图案有团龙纹、飞龙纹、双龙夺珠纹、龙凤纹、双龙双凤团花纹等。

图 7-25　满族八旗标识

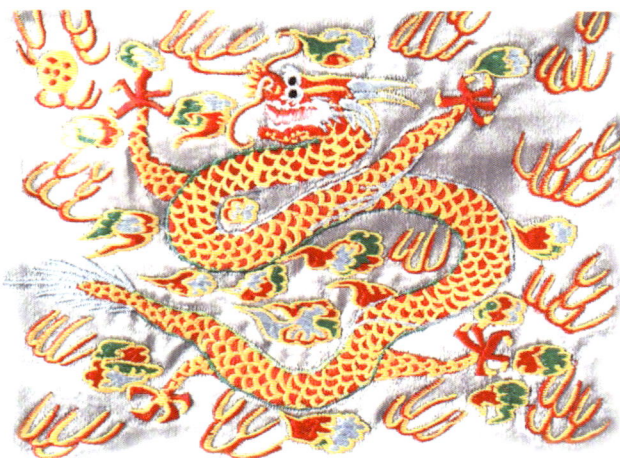
图 7-26　满族八旗标识局部

图 7-27　满族八旗标识局部

总之，龙是神圣、吉祥和喜庆之物，荷包上绣龙象征着无所畏惧、蓬勃向上、永远充满着生机与活力。

4. 葫芦

黄家祥先生也常以葫芦为主题设计荷包（图7-28～图7-31）。葫芦以其藤蔓绵长、结实累累、籽粒繁多被视为象征祈求子孙万代的吉祥物。"蔓"与"万"谐音，寓意子孙绵延万代。葫芦不仅寓意吉祥，而且形状和线条都很好看，因此葫芦形本身也是满族荷包的造型之一。将葫芦连蔓带花刺绣在荷包上，更适宜老人和小孩佩戴。

图7-28 传承人代表作品《葫芦》之一

图7-29 传承人代表作品《葫芦》之二

图7-30 传承人代表作品《葫芦》之三

图7-31 传承人代表作品《葫芦》之四

5. 蝙蝠

蝙蝠的习性是昼伏夜出，民间传说蝙蝠能识妖邪鬼魅藏身之所，故而成为驱邪避祸、带来福音的象征，被视为长寿之物。"蝠"与"福"、"富"谐音，"蝙蝠"与"遍富"谐音，寓意幸福、如意和福寿无边。常见的纹样有在荷包上刺绣五只蝙蝠围绕一个寿字的纹样，即五福捧寿之意；蝙蝠和寿桃绣在一起寓意福寿延年。常见的纹样还有"福禄寿喜""福寿双全"等，如图7-32和图7-33所示。

图 7-32　蝙蝠纹荷包

图 7-33　福寿双全

6. 吉祥词语

在绣制凤城满族荷包过程中，除了通过纹样的选择和图案的设计，有时也通过文字的方式直抒胸臆，表达劳动人民对幸福的向往和追求。如图 7-34～图 7-37 所示。

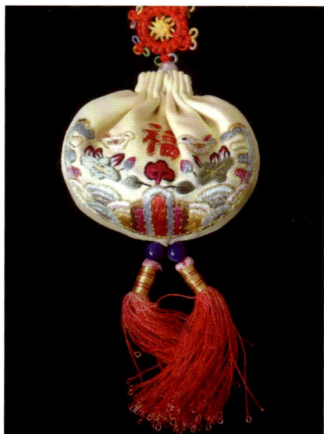

图 7-34　福

图 7-35　清雅高洁

图 7-36　子孙万代

图 7-37　福寿三多

三、纹样特点

通过对上述纹样的考量可以发现，凤城满族荷包的制作工艺所体现出来的文化性格是乐观向上的，在艰苦中渴望幸福，在贫穷中追求富足，在忧患中向往安康，在生老病死的困扰中祈盼多子多福、子孙满堂。

1.对幸福安康的渴望

我国长期处于发展停滞的封建社会，广大劳动人民过着艰难困苦的生活，物质资料和精神生活都极度匮乏。在这种条件下，人们都希望过上平稳安定的生活，一年四季风调雨顺，年终岁尾吃穿不愁，老人健康长寿，子女成才，儿孙满堂。

例如，在荷包上绣鲤鱼寓意"鲤鱼跃龙门"，表现对子女出人头地、有所作为的渴望；绣制仙桃、鹿、灵芝等动植物图案，以及"万"字、"福"字、"寿"字等纹样，还有一些吉祥用语如"长命百岁""白头偕老""四季平安"等也被直接绣制于荷包的背面，都表达了人们对福寿安康的渴望。

还有祈求福寿绵长的祝寿类荷包，图案大多是松柏、仙鹤等寓意长寿的植物和动物。这类荷包往往结构完整、色彩艳丽、富有情趣、装饰性强。

2.对生命和生殖的追求

我国过去长期处于封闭而落后的农业文明时代，在自然灾害频发和医疗水平落后的状态下，死亡率一直居高不下。更多的子孙意味着更多的劳动力，意味着更加殷实的生活，因此，繁衍生息的观念一直扎根于人们心中。

绣制荷包纹样中常见的石榴、葫芦和莲都寓意多子多福。满族荷包的造型中有葫芦形，其中就蕴含着很深的有关对生命和生殖崇拜的内涵。葫芦形的荷包本身就蕴含着男女结合的意思；另外，葫芦里多籽粒，而葫芦生长时藤蔓又长得很长很长，这里面就包含了多子多孙、福寿绵长和传世永久之意。

3.对健康和快乐的向往

对于健康和快乐的向往，首先体现在为孩子的安康而绞尽脑汁。例如，绣制"五毒"荷包，用于驱邪避凶，消灾解祸；绣制石榴和佛手荷包，也是有保佑子孙后代长命百岁的寓意。除此之外，在荷包中填充各种香料和中草药，不仅其香味芬芳，而且能够达到驱除蚊蝇和害虫的功效。

第六节　作品赏析

一、烟荷包

这是传承人收集到的藏品中档次最高、品质最好的一个荷包（图7-38），是用来盛放烟草的烟荷包。在当时，能够佩戴上这种烟荷包的人的身份很不一般。制作这

图 7-38　宫廷荷包

个烟荷包所用的布料为青布，所用的工艺为盘金压银，需要把金属做成很薄很薄的金箔，再裁成很细很细的金属丝，这个工艺到清代就失传了，所以这个荷包至少有三百年的历史。使用金银线在荷包表面绣出两只小松鼠的纹样，这在佛教里叫盘长属于八宝之一，是非常精美的纹样。

二、荷包

香荷包，也称香包，香囊、香袋，多为男女之间的定情信物，制作精美，形式多样，上面绣有吉祥图案、花卉，动物和文字等，里面装有各种香料和中草药如雄黄、柏芝、细辛、丁香、檀香等，有清洁、去秽和防虫灭菌的效果。女子将亲手绣制的荷包赠予男子，以表示定终生，男子则以扳指等回赠。香荷包的荷包嘴一般为折叠式，以彩色丝绳贯穿，抽紧绳线则荷包嘴封闭，以手撑荷包嘴则荷包打开。传统的荷包里放置的中草药和香料气味过于刺鼻难闻，于是传承人亲自调研，最终在瑶族山区发现一种叫灵香草的香料，气味温和且多年不散。随着年轻人喜好的不断变化，传承人也不断更新香料的种类。由茉莉、檀香、桂花、玫瑰以及各种国际香型取代传统的中草药，因此受到广大年轻人的热烈欢迎。如图 7-39 和图 7-40 所示。

图 7-39　香荷包（一）

图 7-40　香荷包（二）

第七节　传承人专访

一、请问，您是如何走向凤城满族荷包的非遗传承之路的？

黄家祥先生：我在很小的时候就接触到荷包，我母亲、姨娘都是做荷包的好手，她们做的荷包在十里八乡都很有名。我小时候就经常佩戴我母亲做的荷包。真正开始研究荷包是从1994年开始的，那个时候因为身体不好住院一段时间，就看到了介绍荷包的书，然后就觉得这么精致的荷包，这么灿烂的文化不能没有人传承，就开始自己摸索，找资料、找文献，自己收藏荷包，最后自己开始设计和制作荷包。就这样，一步步尝试，一步步摸索，才走到今天，到今年也已经26年了。

二、请问，您觉得凤城满族荷包与其他荷包相比有什么特点？

黄家祥先生：满族荷包在实用性上与其他民族的荷包有相似之处，比如男女相互馈赠作为定情信物，送给老人的祝寿荷包以及消灾避邪的荷包等。但满族荷包还有自己独有的特点。第一个就是满族荷包是贵族荷包，清代的贵族们都对荷包有特殊的偏好。上到皇帝下到王公大臣，都有佩戴荷包的习惯。每逢节庆，皇帝以荷包进行赏赐，可见贵族对荷包的重视。这种皇家的青睐使得满族荷包在选料、刺绣、制作工艺和配饰上都特别考究，可以毫不夸张地说，清代后期的荷包是集几千年来荷包制作工艺之大成。第二个是满族妇女心灵手巧，善于女红。她们借鉴吸收了其他民族荷包的长处，融入满族荷包的创作之中，使得满族荷包这一传统的民间工艺品的制作工艺日趋完善，被外国人称为"东方艺术的明珠"。

满族荷包的最大特点在于文化元素与荷包制作相结合。在荷包的囊面刺绣上格调高雅的书法、诗词等，不仅提高荷包的文化内涵，而且也表达荷包制作者的情思。你看，一个小小的荷包，有优美圆润的造型、寓意丰富的图案和不断散发的幽香，雅俗共赏，自然能成为人们爱不释手的小物件。

满族荷包的特点还在于其造型简约。满族荷包按造型一般可以分为四类：鸡心形、猪腰形、圆形和宝葫芦形。它在设计的时候借鉴了国画中的留白理念，在荷包的囊面上留有足够的刺绣空间。这样不仅在样式上更加美观，而且制作简单、省时省料。在面料的选择上通常以大红色、蓝色和黄色居多，再辅之以不同颜色的丝线，形成强烈对比，增强艺术效果。

三、请问，您在凤城满族荷包的传承过程中做了哪些创新？

黄家祥先生：要说创新，首先应该是刺绣针法上的创新。刺绣的针法很多流派，比如著名的苏绣、湘绣、蜀绣、粤绣叫作四大名绣。辽绣应该属于鲁绣的一种，最初，民间都有各自的绣法，后来山东人到东北来得多了，就把鲁绣带到了辽宁，再经过长期的融合和借鉴，就形成了辽绣。但是真正刺绣好的还是四大名绣。我的创新可能就是把苏绣、蜀绣这种刺绣方法引入满族荷包的制作工艺里来。把中国传统的刺绣工艺和图案绣到荷包上来，使得荷包的整体制作水平得到提升。还有满族刺绣喜欢用贴补绣和平针绣，我就在不断地学习过程中发现了很多更高级的绣法，例如戳纱绣、钉线绣、打籽绣和锁绣等。我就把这些针法尝试用于荷包制作中，希望能做出在图案、质量和形态上媲美古代珍品的荷包。

除了引入新的针法，我还在香料的选择上进行了创新。老的荷包在选择香料的时候，用的往往是中草药。中草药虽然对人身体有好处，但很多时候味道太难闻，现在的很多年轻人接受不了。我在参加上海世博会的时候就遇到过这种情况，很多年轻消费者都给我提意见。我就想着能寻找一种没有用过的而且能被大众普遍接受的植物。找来找去，最后在瑶族山区找到了灵香草，灵香草不仅香气怡人而且历久不散，很受消费者喜欢。

四、请问，在凤城满族荷包的传承发展过程中政府给予了什么帮助？

黄家祥先生：在传承和发展满族荷包的过程中政府做了很多的工作，其中最主要的是提供一些平台让我们能够有机会展示和宣传满族荷包、弘扬满族文化。早在1980年，凤城的相关单位就开始致力于寻找、挖掘富有满族特色的文化。在2005年全国搞非遗普查的时候，在政府支持下进行申报，然后在第二年就入选了第二批省级非物质文化遗产。2010年，辽宁省还给我机会去参加上海世博会，凤城满族荷包是丹东地区唯一入选的民间手工艺品。2011年，辽宁省部分非物质文化遗产受邀去台湾参加展示展演活动，也邀请我去参加。政府举办的这些活动起到了很好的宣传效果。还有一些领导也到过我家慰问和调研，提升了满族荷包的知名度。

五、请问，您还在培养传承人吗？培养方式是怎样的？

黄家祥先生：我现在有一个徒弟，他也是我的女婿。他也有自己的工作，平时不忙的时候就来学一学如何制作荷包，但是精力毕竟有限。所以，每次一有人到我家采访或者去参加公共活动的时候，我都会留下自己的联系方式，希望能有更多的人来关注凤城满族荷包，能够把我会的技艺传承下去，把满族文化传承下去。除了这些，我还在学校里讲课，前两年大连艺术学院还聘请我当特聘专家去讲课。我还在小区里办过荷包展，除了宣传满族荷包外，也希望能找到志同道合的人一起钻研。

六、请问，您在传承过程中遇到了什么困难？未来还有进一步打算吗？

黄家祥先生：要说困难，我觉得最大的困难莫过于收集资料。荷包属于小物件，并不被人们重视，因此史料里有关荷包的记录也往往稀少而零碎。很多时候搜集有关荷包的资料就像大海捞针一样，翻阅了厚厚的一整本书也只能找到一些只言片语。我有一个笔记本，里面都是我看报纸、杂志、古籍和文章的时候看到有关荷包的内容就剪下来或者记录下来的资料。对我自己来说，未来的打算就是把这些年来收集整理得到的文字资料和图片资料，加上自己20多年来的实践，出一个小册子，就写有关荷包的故事和寓意。能够把满族荷包的渊源、发展以及我自己的理解和创新做一个系统梳理。同时也希望能多做一些宣传，吸引越来越多的人关注满族荷包，也希望更多有文化、有学历的年轻人能够加入满族荷包的传承过程中来，真正把凤城满族荷包做成一个品牌。

第八节　传承现状与对策

一、传承现状

在凤城人民政府的大力扶持下，在传承人二十余年的辛苦探索下，凤城满族荷包得到了充分的发展。但由于种种原因，凤城满族荷包还面临诸多挑战。主要原因是全球化和城市化的冲击，使人们更加适应现代流行文化的传播方式，而中国传统的服饰文化逐渐被忽视。满族荷包的制作周期长，几乎所有的工序都只能通过手绣完成，无法适应现代流水线、大工业的要求，因而也就很难实现其产业化发展。而且现在的传承人年事已高，也没有更多的年轻人愿意加入满族荷包的传承队伍中来，导致其未来的发展前景堪忧。

1. 传承人培养存在问题

凤城满族荷包作为一种民间手工艺品，其传承方式向来都是师傅带徒弟式的心口相传的模式。而学习制作荷包从最初设计纹样到缝制到最后做出成品，每一步都需要花费大量的时间来学习。学习周期长而收益微薄，使得很多对满族荷包感兴趣的年轻人望而却步。现在凤城满族荷包的传承处于青黄不接的状态，传承人黄家祥先生已经年过八十，很难再从事大规模、高强度的荷包绣制工作。而他的徒弟也是他的女婿虽然也在跟着他学习荷包制作技艺，但也只是业余爱好。除此之外，传承人再无其他弟子。年轻的传承人极度缺乏，现存的传承人又年龄过大，凤城满族荷包传承人才的断层成为其未来亟待解决的问题。

2. 传统工艺的消失

传承人最早开始接触并研究荷包的时候，已经六十岁接近退休了，而教授其荷包制作技艺的是他的母亲和姨娘，也都已经九十多岁了。可以说，传承人并没有经过系统的有关荷包知识和技能的培训。而且据了解，现在只有一些中老年农村妇女仍然在做一些女红，但主要还是以缝补衣物、床单被褥为主。提起荷包，很多老年人只记得曾经绣过很多东西，但具体的纹样、针法都已经模糊不清了。与此同时，传统的荷包工序复杂、制作周期长，因而价格较高，而现代机械化缩短了工艺制作时间，提高了生产效率，因此相对传统荷包更具有价格优势。在商品化高度发展的今天，机绣荷包逐渐成为手工荷包的替代品。缺乏系统化传承和流水线制作工艺的双向挤压，使得满族荷包传统工艺消失得更快。

3. 凤城满族荷包的规模化存在问题

早在1996年，黄家祥先生仿制出第一个荷包时，就有把他制作的荷包投入市场的打算。然后经过三年筹备，终于开办了一间能够制作产品的工厂，但规模很小，只雇用了十几个农村或者下岗的有点女红基础的妇女。经过二十多年的苦心经营和不断发展，虽然厂子的规模有所扩大，但并未形成完整的产业链，也没有规模绣厂，主要还是以家庭的小作坊的方式进行生产。因此，凤城满族荷包只能在传承人手中勉力维持，不能形成规模效应和品牌效应。

二、传承对策

对凤城满族荷包的保护和传承，不仅需要传承人的努力，也需要社会的扶持和帮助。应从以下几个方面努力：

1. 建立多元化传承人培养机制

非物质文化遗产传承的一个大重要特点就是师傅带徒弟的心口相传模式，从某些层面来说，保护非物质文化遗产的核心也就是保护这些非物质文化遗产的传承人。因此针对凤城满族荷包传承人才断层的情况，需要加大对传承人的扶持力度。首先，政府需要加大凤城满族荷包传承人的保障资金投入，应将其列入专项财政计划，建立抢救传统手工艺专项基金。对老艺人参加各种荷包展览展销活动给予经费上的补助，鼓励他们积极参与社会公共活动，推广满族荷包，提高满族荷包的影响力。同时要以合适的待遇留住刚从事荷包制作的年轻人。在留住人才的同时也要吸引新的人才，可以利用公共媒体进行宣传传承，可以以非遗日、非遗周的形式开展赏荷包、学荷包、做荷包的社会教育活动。通过社会宣传教育活动，一方面使得越来越多的人对满族荷包感兴趣，从而成为潜在的预备军；另一方面加强公众对凤城满族荷包的保护意识，能有效解决人们对荷包的保护与传承认识不足的问题。

同时，还可以与培养专门上游人才的高等院校合作，开设有关凤城满族荷包的通识课，开办凤城满族荷包的传承教学基地。一方面丰富学校的课程设置，另一方面吸引既有专业知识又有实践经验的学生继续研究和发展凤城满族荷包。

2. 加强产品设计

对于传统的荷包工艺，一方面要发现和保护民间荷包的珍品，另一方面也要利用新技术带动荷包的发展。可以通过吸收现代时尚的设计理念，走多元化发展的道路。新材料的不断研发和国外设计理念的涌入为凤城满族荷包的再设计提供了更多的可能性。随着社会的进步，凤城满族荷包也必须适应社会发展的潮流，将传统工艺与流行理念结合，既要在设计风格上保持传统满族荷包的特色，又要大胆选用新材料、新技术，做到实用性和艺术性的结合。

3. 推动凤城满族荷包生产规模化的形成

首先，可以将分散的制作满族荷包的家庭小作坊整合起来，扩大生产规模，开发具有当地特色的新产品，形成口碑，以扩大知名度。其次，可以考虑划分荷包的国内和国外两个市场，满足不同层次消费者的需要。这一点，传承人已经过初步的探索和尝试。凤城满族荷包作为丹东市与韩国、日本友好城市交流活动的礼物赠送给对方，得到对方的高度评价和喜爱。

参考文献

［1］路瑶. 个人·情感·物[D].北京：中央民族大学，2013.

［2］朱华，张延平. 满族荷包中的蝙蝠纹研究[J].辽宁丝绸，2016（3）：11-13.

［3］胡马. 满族荷包[J].满族文学，2007（5）：51-52.

［4］"非遗传承"凤城满族荷包[OL].[2018-05-17]. http：//www.lnfc.gov.cn／a／fengchengshiweng uangju／20180517／13669.html.

［5］张宜昌，陈鑫，刘金凤. 小小荷包寄深情[J].光彩，2001（11）：22-23.

［6］陈庆菊. 试论民间刺绣荷包题材之情感表达[J].艺术教育，2011（4）：40-41.

［7］孙迎庆. 见证清代配饰风尚的荷包[J].东方收藏，2012（10）：49-51.

东北三省纺织类经典非物质文化遗产